AF750477

La confidentialité à l’épreuve
de la médiation administrative

Le droit aujourd'hui

La collection « Le droit aujourd'hui » regroupe des études juridiques concernant des problèmes d'actualité nationale et internationale, dans divers domaines (éthique, politique, questions de société…).

Dernières parutions

Héloïse PLAQUIN, *Identités culturelles régionales ou autochtones et Etats unitaires. Les exemples de la Corse en France et du peuple sami en Norvège*, 2024.
Jacques DELGA, *Avocat, Parcours et règles essentielles*, 2024.
Béatrice BLOHORN-BRENNEUR (dir.), *La médiation sur les cinq continents, rêve ou réalité ? GEMME 20 ans déjà !*, 2024.
Anaïs VIAL, *Le droit à la mort*, 2024.
Béatrice BLOHORN-BRENNEUR (dir.), *Médiation, écologie, environnement et intelligence artificielle*, 2024.
François GERBER, *Tempête Xynthia. La responsabilité des acteurs locaux dans les conséquences de la submersion*, 2023.
Olivier SALOMON, *Interprétation artistique et propriété intellectuelle, Essai d'une théorie du voisinage des droits exclusifs*
au sein de la propriété littéraire et artistique, 2023.
Sarah TOUBAL, *Le rebond du débiteur. Contribution à l'étude du droit de la défaillance économique,* 2023.
Claire BORREL, Loïc PELISSIER, Abélisse PINCHON, *Altruisme et Droit*, 2023.
Cristina Elena POPA TACHE, *Le dynamisme du droit international public contemporain et la transdisciplinarité,* 2023.
Charles COLOMAR, *Le droit de l'art en question(s). 20 réponses juridiques sur des thématiques artistiques*, 2023.
Marcel Yannick MISONGUI, *La protection juridictionnelle par la Cour de justice dans l'ELSJ et la PESC après le Brexit*, 2023.
François CAMPAGNOLA, *Précis de droit de l'énergie*, 2023.
Sébastien DEMAY, *La charge de travail à l'ère du numérique*, 2023.

Mélanie Granseigne-Gapail

La confidentialité à l'épreuve de la médiation administrative

Préface de Myriam Bacqué et Didier Salvi

L'Harmattan

© L'Harmattan, 2025
5-7, rue de l'École-Polytechnique, 75005 Paris
http://www.editions harmattan.fr
ISBN : 978-2-336-48814-1
EAN : 9782336488141

A tous ceux qui m'ont permis de cheminer

vers la médiation,

A ceux qui m'accompagnent,

Et à ceux que j'aurai plaisir à rencontrer en chemin.

« *Lux ex discussione* ».
De la discussion jaillit la lumière.

Charles MONNARD,
Session du Grand Conseil du Canton de Vaud, 1829.

Remerciements

Je remercie toute l'équipe pédagogique du diplôme universitaire « Médiation et règlement des conflits » ainsi que les intervenants pour leur attention et leurs conseils.

Je suis également reconnaissante envers ma collectivité, la Communauté d'agglomération de La Rochelle, et en particulier envers Céline VARIOT qui m'a ouvert la voie de la médiation. Je la remercie également pour son soutien sans faille depuis notre toute première collaboration à la Ville de La Rochelle.

Je remercie chaleureusement toutes les personnes qui ont répondu favorablement à mes sollicitations pour leurs apports et le temps accordé.

Je tiens à témoigner toute ma gratitude à Me Valérie BROSSIER, Samuel COURTOIS, Me Julien GUILLARD et Stéphane MAITREHUT pour leur écoute et leur encouragement.

Je tiens aussi à exprimer toute ma reconnaissance à mes proches, sans qui rien n'aurait été possible.

J'aimerais enfin saluer tous mes relecteurs et relectrices et soutiens de la première heure qui se reconnaîtront.

Sommaire

Table des principales abréviations

AAI	Autorité Administrative Indépendante
AJDA	Actualité juridique – Droit administratif
al.	Alinéa
Art.	Article
CAA	Cour Administrative d'Appel
CADA	Commission d'Accès aux Documents Administratifs
CCAP	Cahier des Clauses Administratives Particulières
CDG	Centre de Gestion de la Fonction Publique Territoriale
CE	Conseil d'État
CERDACFF	Centre d'Études et de Recherche en Droit Administratif, Constitutionnel, Financier et Fiscal
CGCT	Code Général des Collectivités territoriales
CJA	Code de Justice Administrative
CONCL.	Conclusions
CPC	Code de Procédure Civile
C.P.P.	Code de Procédure Pénale
CNED	Comité National d'Éthique et de Déontologie de la Médiation
CNIL	Commission Nationale de l'Informatique et des Libertés
CNM	Centre National de la Médiation
C. pénal	Code Pénal

CRPA	Code des Relations entre le Public et l'Administration
EPCI	Établissement Public de Coopération Intercommunale
HATVP	Haute Autorité pour la Transparence de la Vie Publique
JO	Journal Officiel
JOUE	Journal Officiel de l'Union Européenne
LGDJ	Librairie Générale de Droit et de Jurisprudence
Loi J21	LOI n° 2016-1547 du 18 novembre 2016 de modernisation de la justice du XXIème siècle
MARD	Mode Alternatif de Règlement des Différends
MARL	Mode Alternatif de Règlement des Litiges
MPO	Médiation Préalable Obligatoire
PRADA	Personne Responsable de l'Accès aux Documents Administratifs
Rev.	Revue
RGPD	Règlement Général sur la Protection des Données
RIDC	Revue Internationale de Droit Comparé
SSR	Sous-Sections Réunies
TA	Tribunal Administratif
V°	Voir au(x) mot(s)

Préface

Accompagner la naissance d'un ouvrage inédit en médiation, fruit d'heures de réflexion, de recherches et de questionnement sur sa propre expérience professionnelle au service d'une collectivité territoriale, constitue un événement majeur pour toute l'équipe pédagogique du Diplôme Universitaire en médiation et règlement des conflits de La Rochelle Université.

Par la publication aux Editions L'HARMATTAN de son mémoire universitaire enrichi et mis à jour, sur la « *Confidentialité à l'épreuve de la médiation administrative* », son auteure, Mélanie GRANSEIGNE-GAPAIL, symbolise l'excellence d'une formation diplômante reconnue en médiation. Ce diplôme auquel l'auteure s'est consacrée avec enthousiasme, pendant plusieurs mois alors qu'elle poursuivait en parallèle son activité professionnelle de juriste au sein de la communauté d'agglomération de La Rochelle, s'inscrit en effet dans un parcours universitaire exigeant. L'équipe pédagogique composée d'universitaires et de médiateurs-formateurs expérimentés en médiation, a fait le choix, dès l'origine, de sélectionner des professionnels de tous horizons, réunis en une promotion réduite. Il s'agit ainsi de garantir à chaque apprenant un accompagnement, pas à pas, propice à la mue nécessaire de ces professionnels du droit, du chiffre, de l'entreprise, de l'administration ou du secteur médico-social, vers l'appropriation si délicate de la posture de tiers au conflit, sans pouvoir de décision : le médiateur.

A l'heure où le Conseil National de la Médiation œuvre, notamment pour la nécessaire obligation de se former de façon sérieuse à la médiation pour acquérir les compétences inhérentes à l'exercice de la fonction de médiateur et pour l'adoption d'un recueil de déontologie des médiateurs et de la médiation, le travail de Mélanie GRANSEIGNE-GAPAIL vient conforter ces deux exigences : une formation indispensable autour d'un socle de compétences commun à tous les médiateurs et un cadre sécurisé pour les personnes en médiation grâce au respect d'une éthique professionnelle propre à tous les médiateurs quelle que soit la matière exercée.

Ce mémoire universitaire aujourd'hui publié, et c'est heureux, sur le sujet sensible de la confidentialité en médiation administrative, constitue la preuve, s'il en était besoin, que la médiation continue à nous révéler des terres inconnues que Mélanie GRANSEIGNE-GAPAIL n'a pas eu peur d'explorer avec courage, en mettant le cap sur une matière encore en devenir, la médiation dans le champ administratif. Il en est ainsi de la tension entre le respect de la confidentialité, principe fondamental de la médiation et les règles inhérentes au fonctionnement de l'administration, comme par exemple dans les rapports hiérarchiques entre le fonctionnaire représentant une personne publique au cours de la médiation et l'ordonnateur de cette personne publique ou dans les nécessaires informations communiquées au comptable public par cet ordonnateur, même si, dans ce dernier cas, cette communication apparaît comme utile à la mise en œuvre de l'accord de médiation. Plus généralement, la distinction entre le respect de la confidentialité au cours du processus de médiation lui-même et la publicité indispensable à la mise en œuvre de l'accord de médiation est questionnée.

L'ouvrage aborde également avec justesse la question du respect de la confidentialité, en cas d'échec d'une médiation, au regard de la production d'éléments de preuve au cours du procès administratif alors que ces éléments ont été communiqués lors de la médiation. Aussi, il appartient au juge administratif de statuer sur la recevabilité des documents produits s'il est saisi par l'une des parties au litige d'une demande tendant à écarter des débats de tels éléments.

Enfin, Mélanie GRANSEIGNE-GAPAIL prend soin d'ouvrir sa réflexion à un sujet d'actualité non moins sensible, celle de la confidentialité en médiation environnementale. La Rochelle se révélant être une terre dotée d'un écosystème propice à l'innovation en matière de médiation, l'auteure nous rappelle combien la confidentialité est interrogée dans les médiations de conflit, comme dans celles de projet à caractère environnemental, tant l'information du grand public sur ce bien commun, objet de la médiation, rend délicat une application stricte du secret.

Les travaux de Mélanie GRANSEIGNE-GAPAIL enrichissent incontestablement la pratique de la médiation en matière administrative et offrent aux médiateurs mais aussi aux représentants de l'administration, des points d'appui solides en réponse à leurs légitimes questionnements sur le principe de confidentialité dans la sphère publique.

A n'en pas douter, cet ouvrage contribue au développement et à la reconnaissance de l'utilité, s'il en était encore besoin, de la médiation administrative en France. A partager autour de vous ; cette information n'est pas confidentielle !

Myriam BACQUÉ, médiatrice, formatrice et co-directrice du Diplôme Universitaire en médiation et règlement des conflits de La Rochelle Université et Didier SALVI, Président des tribunaux administratifs et des cours administratives d'appel, maître de conférences associé à l'Université de La Rochelle, co-directeurs du mémoire de Mélanie GRANSEIGNE-GAPAIL.

Avant-propos

Cette publication est une version révisée de mon mémoire de diplôme universitaire « Médiation et règlement des conflits », soutenu en 2021 à l'Université de La Rochelle.
Juriste territorial, j'ai notamment en charge la représentation de collectivités territoriales en médiation. La confidentialité est un sujet auquel je suis confrontée à chaque médiation et qui se structure progressivement.
En effet, l'essor de la médiation administrative dans les collectivités territoriales s'accompagne sur le terrain de nombreuses interrogations quant à la mise en œuvre du principe de confidentialité. En raison de ma qualité de Personne Responsable de l'Accès aux Documents Administratifs (P.R.A.D.A.) et de mes missions parallèles en lien avec une structure d'éthique publique locale, ces questionnements se révèlent d'autant plus nourris. De fait, ce sujet de recherche a été analysé à l'aune de ces différentes missions, complémentaires les unes des autres.
« *Jus est ars boni et aequo* » : « le droit est l'art du bien et du juste ». Cette définition du droit donnée par le Digeste[1] explique pourquoi de nombreux juristes, dont les territoriaux, sont attirés par la médiation. À cet égard il est intéressant de constater que le développement de la médiation administrative n'a pu se faire que par la règle de droit. Le droit public étant ma branche de prédilection, c'est très naturellement que le sujet de la confidentialité en médiation administrative s'est imposé à moi.
Les présents travaux s'appuient sur des expériences anonymisées afin d'éviter de les mettre en rapport avec des situations identifiables.

---

[1] Recueil de textes écrits par les jurisconsultes romains et compilés sous Justinien (VIème siècle après J.-C.).

Introduction

En répandant « le sommeil sur tous », grâce à « la baguette qui ferme les paupières des humains », le dieu Hermès escorte Priam, roi de Troie, à l'insu de tous, jusqu'à la tente du grec Achille. Cet épisode de la guerre de Troie est une étape clé d'un conflit qui trouve son origine dans la « pomme de la discorde ». Cette pomme d'or devait être accordée par Pâris, fils du roi Priam, à la plus belle des trois déesses : Athéna, Héra et Aphrodite. Chacune leur tour, les déesses plaidèrent leur cause. La pomme d'or fut finalement donnée à Aphrodite qui promit en échange à Pâris, l'amour d'Hélène.

Hélène étant déjà liée à Ménélas, son enlèvement par Pâris déclencha la guerre. Aidé de forts soutiens, dont celui d'Achille, Ménélas déclara la guerre aux Troyens qui, subjugués par la beauté d'Hélène, ne voulurent pas la lui rendre. Lors des combats, Achille tua Hector, fils de Priam. Aussi, la rencontre secrète des deux guerriers ennemis, Achille et Priam, permit l'engagement de négociations afin qu'ils parviennent, ensemble, à un terrain d'entente dans le conflit qui les opposait.

Ce récit, tiré de l'Iliade d'Homère[2], est riche d'enseignements pour le médiateur du XXIème siècle en ce qu'il décrit, pour la première fois dans la littérature européenne, une forme archaïque de facilitation mettant en scène, aux côtés de deux principaux protagonistes héros de la guerre de Troie, un prescripteur[3] et plusieurs tiers de confiance ou « facilitateurs[4] » tels qu'on les nommerait

---

[2] Extrait tiré du chant XXIV, intitulé « Rachat d'Hector », qui termine l'Iliade, épopée attribuée à Homère. Le litige a pour objet précis le sort de la dépouille d'Hector, fils de Priam, roi de Troie.

[3] Le prescripteur dans ce récit de facilitation n'est autre que Zeux lui-même, le roi des dieux, lequel intervient de manière secrète, structurée et pacifiée.

[4] Les facilitateurs sont tour à tour Thétis et Hermès, Hermès étant le symbole du dieu messager-facilitateur de toute l'Antiquité classique.

aujourd'hui. Si l'entremise d'Hermès et l'expression des émotions avant les négociations ont toute leur importance, le secret apparait indispensable à la réussite du processus. La rencontre physique des deux héros n'aurait pu se faire au grand jour. L'Iliade met ainsi en lumière un mode de règlement pacifique, élaboré, relativement structuré et secret qui a permis de mettre fin au litige qui semblait inextricable, dans un théâtre de guerre sans merci, opposant les Grecs aux Troyens.

Ce secret, qui trouve sa traduction aujourd'hui dans le principe de confidentialité, apparaît déjà au IXème siècle avant J.C., comme la pierre angulaire du succès d'un processus volontaire, maîtrisé et organisé en vue de rétablir la paix[5]. Pour le philosophe suisse Joseph DUSS-VON WERDT, les modes amiables de résolution des différends sont très anciens et universels[6]. Selon lui, « *l'Homo mediator* » a toujours existé dans la mesure où, à toutes les époques, des personnes se sont manifestées afin d'éteindre les querelles, rapprocher des ennemis ou encore renouer des liens distendus. Néanmoins, pour d'autres, comme pour Jacques FAGET[7], ces personnes ne peuvent être appelées « médiateurs » car d'un point de vue normatif, la posture des médiateurs contemporains ne s'est véritablement façonnée qu'à partir des années 1970, dans les sociétés occidentales démocratiques.

La médiation est un processus qui permet de répondre à un besoin de relation apaisée dans la durée, de dialogue, sans risque de publicité, le tout dans des délais maîtrisés, contrairement au procès. Elle a pour objectif que les personnes en conflit dépassent leurs propres positions et

---

[5] Jean A. MIRIMANOFF (dir.) *Dictionnaire de la Médiation et d'autres modes amiables*, collection Paradigme, Éditions Bruylant, 2019, V° Iliade.

[6] Joseph DUSS-VON WERDT, *Homo Mediator. Geschichte und Menschenbild der Mediation*, Stuttgart, Klett-Cotta, 2005.

[7] Jacques FAGET, *Médiations : les ateliers silencieux de la démocratie*, éditions Érès, 2015. p.43.

déterminent ensemble leur intérêt commun. L'atteinte de cet objectif est rendue possible grâce au contexte sécurisé de la médiation, laquelle se fonde sur quatre principes directeurs, à savoir : l'indépendance, la neutralité, l'impartialité du médiateur et enfin la confidentialité.

L'indépendance connaît deux axes. Le premier axe est celui de la « liberté externe[8]» du médiateur. Sa liberté externe doit s'exprimer par rapport aux personnes en conflit mais aussi vis-à-vis de toute personne ou entité susceptible de l'influencer. En tant que tiers, le médiateur ne doit avoir aucun lien, direct ou indirect, qui puisse le contraindre (quelle que soit la nature du lien : politique, économique, religieux, affectif, etc.). Le second axe est celui de la « liberté interne[9]» du médiateur. Il correspond à l'absence d'intérêt que le tiers pourrait avoir dans l'issue de la médiation et qui serait susceptible d'affecter son indépendance en l'influençant.

La neutralité signifie que la solution est le fruit de l'invention des personnes. Cette solution ne figure pas « dans la tête du médiateur qui pourrait l'insinuer ou la faire dire. Il n'y a ni Olympe, ni Zeus, ni messager du Ciel, mais deux Prométhée cherchant dans le conflit, circonscrit par un tiers, une alchimie[10]».

La neutralité est l'un des critères distinguant la médiation de la conciliation. Le médiateur ne suit pas la démarche du syllogisme juridique. Il ne donne ni son opinion personnelle ni son avis sur la solution. Son rôle réside essentiellement dans la gestion de la communication et de la négociation entre les personnes en conflit.

Le concept d'impartialité ou de « multipartialité[11]» s'attache à la fois à l'état d'esprit du médiateur et aux prestations positives qu'il se doit d'apporter de manière équivalente

---

[8] Jean A. MIRIMANOFF, *op. cit.,* note 5, V° Indépendance.

[9] *Ibid.*

[10] Alain LARABY, « la médiation nord-américaine », in René SÈVE, *La médiation*, Archives de philosophie du droit, tome 61, Dalloz, 2019, p 77.

[11] Jean A. MIRIMANOFF, *op. cit.*, note 5, V° Impartialité.

aux personnes, en leur accordant à toutes, et de manière équilibrée, son empathie. L'impartialité renvoie également à l'idée d'équité et d'égalité envers les personnes.
Enfin, la confidentialité est « ce qui ne s'adresse qu'à un petit nombre de personnes[12]». En d'autres termes, elle consiste à garder secret et privé quelque chose à l'égard de ceux qui ne sont pas autorisés à en avoir connaissance. En médiation, la confidentialité signifie que ce qui se dit au cours du processus doit rester secret afin de faciliter la sincérité des échanges et l'engagement des personnes, appelées « médiés[13]» ou encore « médiants ».
En médiation administrative, l'article L. 213-1 du Code de Justice Administrative (C.J.A.) définit la médiation comme : « tout processus structuré, quelle qu'en soit la dénomination, par lequel deux ou plusieurs parties tentent de parvenir à un accord en vue de la résolution amiable de leurs différends, avec l'aide d'un tiers, le médiateur, choisi par elles ou désigné, avec leur accord, par la juridiction ».
Au sens du Code des Relations entre le Public et l'Administration[14] (C.R.P.A.), l'administration comprend les administrations de l'État, les collectivités territoriales, leurs établissements publics administratifs et les organismes et personnes de droit public et de droit privé chargés d'une mission de service public administratif, y compris les organismes de sécurité sociale.
Cet ouvrage se concentre sur la médiation administrative c'est-à-dire celle propre aux collectivités territoriales[15] qui

---

[12] Dictionnaire de la langue française, Larousse.

[13] Les personnes en conflit en médiation sont appelées *médiés* ou *médiants*, en opposition au terme *partie* appartenant au vocabulaire judiciaire.

[14] Art. L. 100-3 C.R.P.A.

[15] Jusqu'à la révision constitutionnelle du 28 mars 2003, le terme « collectivité locale » apparaissait dans la Constitution, au côté de celui de collectivité territoriale et de manière synonyme. Depuis cette révision, seule l'expression collectivité territoriale est désormais employée de telle manière que l'expression collectivité locale n'est plus juridiquement fondée et moins usitée.

sont composées de 18 régions, 101 départements et 34 935 communes,[16] aux Établissements Publics de Coopération Intercommunale (E.P.C.I.) et plus généralement aux personnes publiques, que l'administration concernée soit centrale, déconcentrée ou décentralisée.

L'une des spécificités de la médiation administrative par rapport à la médiation privée réside dans le fait que les parties prenantes participent à la médiation au titre d'une fonction (élu par exemple), en qualité de représentant d'une catégorie, d'une organisation, etc. Dès lors, lorsqu'elles entrent en médiation, les personnes ne quittent par leur rôle social et les émotions sont traditionnellement maîtrisées. Pour cette raison, le médiateur sera particulièrement vigilant au stade des entretiens préalables qui sont souvent les seuls instants, avec les apartés[17], où les protagonistes pourront échanger avec le médiateur en totale authenticité. En plénière, le contrôle émotionnel et son expression constituent un enjeu de pouvoir[18].

Le cadre juridique de la médiation administrative est le fruit d'une lente construction. Si le développement des Modes Alternatifs des Règlements des Litiges (M.A.R.L.) en droit administratif n'est pas nouveau - puisque la transaction et la conciliation font partie depuis longtemps du paysage administratif -, la médiation s'est d'abord développée dans le cercle interne administratif. En effet, à son origine, la médiation administrative a été incarnée, dès 1973, par le

[16] Chiffres issus du bilan annuel de la Direction générale des collectivités locales, au 1er janvier 2024.

[17] Les apartés, ou *caucus* sont des entretiens individuels entre le médiateur et un médié au cours d'une séance plénière. Ils peuvent être sollicités soit par le médiateur, soit par une partie ou son conseil.

[18] L. BLONDIAUX, C. TRAINI, « Introduction », dans L. BLONDIAUX, C. TRAINI (Dir.), La démocratie des émotions, Paris, Presses de Sciences Po, 2018.

médiateur de la République[19] dont les fonctions sont aujourd'hui exercées par le Défenseur des droits.
Il faut attendre l'ordonnance du 16 novembre 2011[20] pour qu'intervienne le premier basculement du cadre juridique. Grâce à cette ordonnance, portant transposition de la Directive européenne du 21 mai 2008[21], le concept de médiation apparaît clairement au sein du C.J.A. Toutefois le recours à la médiation est à ce stade extrêmement limité. En effet, l'article L. 771-3 du C.J.A., dans sa version en vigueur en 2011, n'ouvre la voie à la médiation que pour les litiges transfrontaliers.
Ainsi, contrairement à la médiation de droit commun prévue par le Code de Procédure Civile (C.P.C.) laquelle n'a cessé de se perfectionner depuis plusieurs décennies, la médiation administrative est bien plus récente. Il faut attendre la grande réforme de la justice, par l'effet de la loi du 18 novembre 2016, de modernisation de la justice du XXIème siècle dite « J21 », pour voir étendue la médiation à « toutes les branches du droit administratif[22]». Les collectivités territoriales sont directement concernées par ce nouveau régime juridique. Le contentieux des décisions individuelles d'urbanisme (permis de construire), les dommages de travaux publics, le contentieux social, le contentieux des contrats publics (marchés publics, délégations de service public, contrats de partenariat)

---

[19] Le médiateur de la République a été institué par la loi n° 73-6 du 3 janvier 1973.
[20] Ordonnance n° 2011-1540 du 16 novembre 2011 portant transposition de la directive 2008/52/CE du Parlement européen et du Conseil du 21 mai 2008 sur certains aspects de la médiation en matière civile et commerciale.
[21] Directive 2008/52/CE du Parlement européen et du Conseil du 21 mai 2008, J.O.U.E. L136 du 24 mai 2008, sur certains aspects de la médiation en matière civile et commerciale.
[22] Françoise SARTORIO, « La médiation devant le juge administratif s'ouvre aux collectivités locales », Le courrier des maires, janvier 2017, n° 308.

apparaissant comme des domaines particulièrement propices à la médiation.
Le régime juridique de la médiation administrative se voit renforcé par le décret du 18 avril 2017 relatif à la médiation dans les litiges relevant de la compétence du juge administratif[23] qui offre un cadre pleinement intégré au sein du C.J.A.[24], d'une part, et dans le C.R.P.A., d'autre part.
Qu'il s'agisse d'une médiation administrative conventionnelle ou juridictionnelle, le cadre juridique est aujourd'hui pleinement construit, en particulier grâce à Jean-Marc SAUVÉ, vice-président du Conseil d'État, qui a introduit une véritable « culture de la médiation » au sein des juridictions administratives.
Ce cadre juridique est complété par la loi du 27 décembre 2019 relative à l'engagement dans la vie locale et à la proximité de l'action publique donnant un cadre au médiateur territorial. Désormais, chaque collectivité territoriale a la faculté d'instaurer un médiateur institutionnel pour régler les différends entre l'administration et ses administrés.

---

[23] Décret n° 2017-566 du 18 avril 2017 (J.O. du 20 avril).
[24] Articles L. 114-1 et suivants pour les attributions de Conseil d'État, L. 213-1 et suivants pour les attributions des T.A. et C.A.A. et R. 621-1.

Figure 1 - Personnes ciblées par nature de médiation administrative

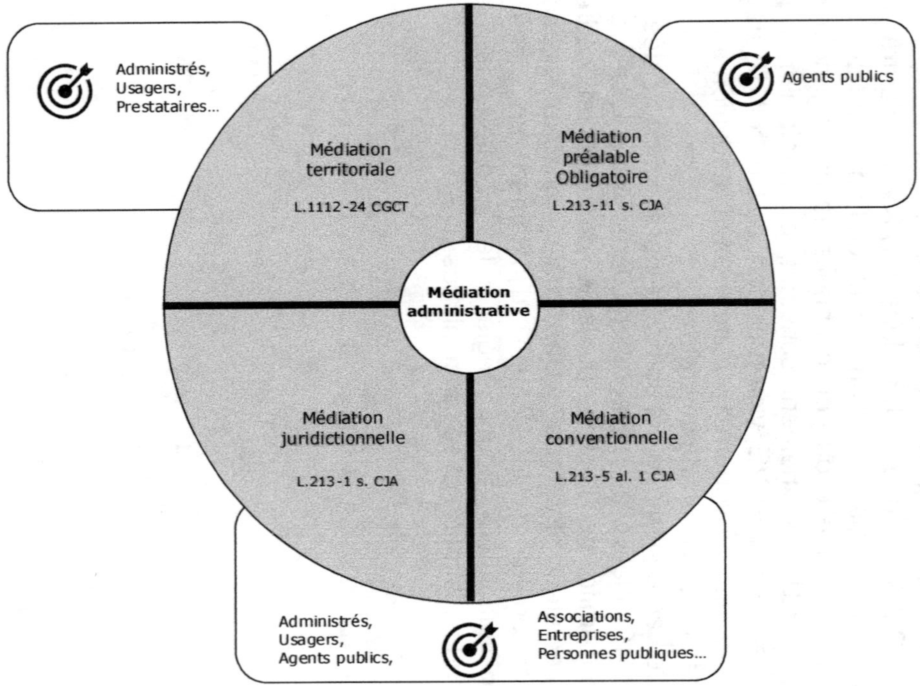

Enfin, après une phase d'expérimentation, la loi pour la confiance dans l'institution judiciaire du 22 décembre 2021 et le décret du 25 mars 2022 pérennisent la médiation préalable obligatoire pour certains litiges dans la fonction publique[25].
En définitive, hormis dans les situations où l'administration dispose d'une compétence liée, c'est-à-dire lorsqu'elle est tenue de prendre une décision dans un sens déterminé, aucun champ contentieux n'apparait exclu de la médiation administrative.
En droit comparé, les différends entre l'administration et les administrés sont « universels » et le recours au juge en vue de leurs résolutions demeure indéniablement la norme[26]. De nombreux États européens ont introduit, dans leur ordre juridique, une procédure de médiation en transposant dans leur droit interne la Directive européenne de 2008[27]. Or, les procédures de médiation instituées par la Suède, l'Espagne, l'Autriche, la Grèce, l'Italie, la Slovénie, la Slovaquie, la Hongrie ou encore le Luxembourg, révèlent une transposition *a minima*. Seules les matières civiles et commerciales sont concernées, excluant plus ou moins explicitement de leur champ d'application les litiges administratifs[28]. Au niveau

---

[25] Sont précisément concernés les recours contentieux formés par certains agents soumis aux dispositions de la loi n° 83-634 du 13 juillet 1983 portant droits et obligations des fonctionnaires, à l'encontre d'actes relatifs à leur situation personnelle et les requêtes relatives aux prestations, allocations ou droits attribués au titre de l'aide ou de l'action sociale, du logement ou en faveur des travailleurs privés d'emploi.
[26] Antoine CLAEYS, « Résoudre autrement les différends avec l'administration : l'éclairage des droits étrangers », *in* Antoine CLAEYS, Anne-Laure GIRARD (dir.), *Les modes alternatifs de règlement des litiges en droit administratif*, Collection Actes & colloques de la Faculté de Droit et de Sciences sociales de Poitiers, Presses universitaires juridiques de Poitiers, L.G.D.J., mai 2018. p. 23.
[27] *Op. cit.*, note 21.
[28] Antoine CLAEYS, Anne-Laure GIRARD (dir.) p. 37, voir *supra*, note 26.

européen, la médiation administrative en dehors du juge n'existe aujourd'hui que sous une forme embryonnaire. Peu d'États ont consacré dans leur droit interne une telle procédure, bien que celle-ci apparaisse paradoxalement comme ayant de fortes potentialités.

Même s'il existe peu de données statistiques sur l'efficacité des Modes Alternatifs de Règlements des Différends (M.A.R.D.) et la fréquence de leur utilisation, les avantages des M.A.R.D., notamment en matière de coûts, de rapidité et de souplesse sont très bien reconnus et valorisés. Pour autant, les M.A.R.D. ont encore du mal à s'imposer et à se développer dans les litiges avec l'administration. Une des raisons identifiées réside dans la tradition juridique de nombreux États qui accorde une place quasi absolue au juge. La nature des litiges s'avère en outre déterminante.

Aussi le développement de la médiation en droit administratif se heurte aux spécificités de la sphère publique.

Deux facteurs doivent être pris en compte. D'une part, l'administration ne jouit pas de la même liberté que les personnes privées en raison du principe d'indisponibilité des compétences. L'autorité administrative ne peut librement déroger aux lois et règlements fixant ses compétences, même si l'objectif est de régler à l'amiable un différend. D'autre part, l'ordre public administratif demeure incontournable des relations administratives.

Cette présentation succincte conduit à s'interroger sur l'expression du principe de confidentialité en médiation administrative alors qu'une multitude d'acteurs, spécifiques à la sphère publique, intervient tout au long du processus. Comment s'exprime la confidentialité du processus de médiation au regard de la complexité de la chaîne décisionnelle et des règles de fonctionnement interne des collectivités ? Comment garantir ce principe alors que la conclusion de l'accord de médiation doit être préalablement soumise à l'approbation de l'assemblée délibérante ?

C'est à ces interrogations que cet ouvrage apporte des réponses.

Si la confidentialité est un principe directeur de la médiation, transposé et consacré en droit public (Partie 1) ; celle-ci n'en demeure pas moins éprouvée et soumise à questionnement en médiation administrative (Partie 2).

Partie 1 - La transposition du principe directeur de confidentialité de la médiation en droit public

Spécificité de nombreux M.A.R.D., la confidentialité transcende tous les types de médiation. Ce concept a été développé initialement en droit privé (chapitre 1) avant d'être pleinement consacré en droit public (chapitre 2).

Chapitre 1 – La confidentialité : un principe fondamental de la médiation développé en droit privé

La confidentialité constitue, aux côtés de l'impartialité, de la neutralité et de l'indépendance, un principe directeur de la médiation. La confidentialité en médiation s'exprime comme un véritable A.D.N. (Section 1) ce qui explique que le non-respect de ce principe fondamental soit durement sanctionné (Section 2).

Section 1 – La confidentialité : A.D.N. de la médiation

A.D.N. de la médiation, le concept de confidentialité a naturellement été « transplanté » en droit public (§ 1). Bien qu'en opposition aux règles du procès équitable, ce concept est nécessaire à la confiance des personnes en la médiation (§ 2).

§ 1 – L'importation du principe de confidentialité

En droit privé, le concept de confidentialité trouve son fondement dans la loi n° 95-125 du 8 février 1995, modifiée, relative à l'organisation des juridictions et à la procédure civile, pénale et administrative. Plus précisément, le concept est contenu à l'article 21-3 de cette loi lequel a été créé par l'ordonnance n° 2011-1540 du

16 novembre 2011 portant transposition, en droit interne, de l'article 7 de la directive européenne du 21 mai 2008 relative à la médiation en matière civile et commerciale. Ainsi, il importe de comprendre que la codification en droit public provient du concept né en droit privé, tant au niveau du principe (A) que des exceptions (B).

A. La confidentialité : lettre et esprit du principe

Le principe de confidentialité bénéficie d'une définition légale et de plusieurs autres définitions textuelles (1). Il n'en demeure pas moins intéressant de compléter l'analyse de la lettre du concept à l'aune de son esprit (2).

1) La lettre du principe

S'agissant de l'énoncé du principe, celui-ci figure expressément à l'article L. 213-2 du C.J.A. Le législateur a repris, mot pour mot, les dispositions de l'article 21-3 de la loi du 8 février 1995 qui fonde le principe de confidentialité en médiation judiciaire et conventionnelle[29].

Ainsi, aux termes de l'article L. 213-2 al. 2 du C.J.A. :

« Sauf accord contraire des parties, la médiation est soumise au principe de confidentialité. Les constatations du médiateur et les déclarations recueillies au cours de la médiation ne peuvent être divulguées aux tiers ni invoquées ou produites dans le cadre d'une instance juridictionnelle ou arbitrale sans l'accord des parties ».

Par ailleurs, à l'instar du Code de conduite européen des médiateurs de 2004, la France a instauré en 2009 un Code national de déontologie du médiateur qui pose le principe de confidentialité comme principe fondamental : « Le médiateur ne divulgue ni ne transmet à quiconque le

---

[29] De son côté, le C.P.C. renvoie lui aussi à la loi de 1995 pour la définition du principe. Pour les médiations conventionnelles, l'article 1531 du C.P.C. opère un renvoi. Pour les médiations judiciaires, l'article 131-14 du C.P.C. reprend, à quelques virgules prés, la rédaction de la loi de 1995.

contenu des entretiens et toute information recueillie dans le cadre de la médiation, sauf obligation légale et risque de non-respect de l'ordre public. Le médiateur ne peut notamment pas faire état devant les instances judiciaires des éléments dont il a eu connaissance lors de son intervention ».
Le principe de confidentialité figure en outre, parmi d'autres codes, dans le Code d'éthique et de déontologie des médiateurs professionnels[30] ou encore la charte éthique des médiateurs dans les litiges administratifs[31].

2) L'esprit du principe

Le médiateur s'engage à l'égard des médiés à ne pas dévoiler ce qui a pu lui être confié. Ainsi ne pourra-t-il rien révéler de ce qu'il aura entendu, sauf s'il en est autorisé par son auteur.
S'agissant de la confidentialité des écrits, pour le Professeur Nathalie FRICERO, il convient de faire une distinction entre ceux nécessaires au déroulement pratique de la médiation et ceux versés dans le débat[32].
La première catégorie, autrement dit celle des écrits nécessaires au bon déroulement du processus, tels les courriels d'invitation, les transcriptions sur les feuilles du chevalet, les notes, et d'une manière générale tout ce qui fige la parole (photographies de prises de notes au tableau par exemple), est placée par principe sous le sceau de la confidentialité. Seul, l'accord des parties prenantes peut lever le secret. L'accord d'entrée en médiation doit donc préciser la portée de la confidentialité par rapport à ce premier point.

---

[30] Article 6.19 du code.
[31] Article 2 de la charte, disponible sur le site du Conseil d'État : www.conseil-etat.fr, le 23 juillet 2024.
[32] Professeur Nathalie FRICERO, « Les écrits en médiation », conférence en ligne, consultable sur www.cemaphores.org, le 13 avril 2021.

Concernant la seconde catégorie, soit celle des écrits et documents versés dans le débat, deux sous-catégories s'opèrent. Pour les pièces objectivées, publiques, déjà communiquées ou préexistantes, la confidentialité ne s'applique pas. Celles-ci pourront dès lors être produites devant le juge. En revanche, pour les pièces préexistantes mais dont l'autre médié ne dispose pas, il apparait plus prudent, pour le professeur Nathalie FRICERO, de les relater oralement, sans les produire. Cette solution alternative ménage ainsi l'accord et l'issue contentieuse en cas d'échec de la médiation.
Enfin, le médiateur ne saurait être entendu comme témoin.
Le principe de confidentialité comporte cependant des exceptions. Si les parties peuvent d'elles-mêmes décider conjointement de lever la confidentialité, le législateur pose également deux séries d'exception.

B. Des exceptions légales « universelles »

L'article L. 213-2 al. 3 du C.J.A. pose deux catégories d'exceptions. La première repose sur la nécessaire protection de l'ordre public et la protection de l'intérêt supérieur de l'enfant ou de l'intégrité physique ou psychique d'une personne (1). La seconde exception vise l'hypothèse d'une divulgation rendue nécessaire à la mise en œuvre de l'accord (2).

1) Les raisons impérieuses d'ordre public et la protection de l'intérêt supérieur de l'enfant ou de l'intégrité physique ou psychique d'une personne

La confidentialité n'est pas une fin en soi. Le recours à la médiation ne saurait avoir pour effet de rendre confidentiels des faits contraires à l'ordre public.
Cependant, pour la doctrine, la détection de faits contraires à l'ordre public peut s'avérer en pratique épineuse dans la mesure où les textes demeurent silencieux sur le *modus operandi*. À cet égard, certains auteurs ont proposé de distinguer selon la survenance des faits, qu'ils soient

passés, présents ou bien futurs[33]. Ainsi, si les faits caractérisant une violation de l'ordre public sont résolus, le médiateur resterait tenu à la confidentialité « tant que les faits ne se perpétuent pas sous la forme d'une infraction continue, c'est-à-dire toujours en train de se commettre ». En revanche, si les faits sont actuels ou à venir, « la confidentialité ne s'applique plus dès lors qu'elle conduirait à la continuation ou à la mise en place d'une violation de l'ordre public », de telle manière que « le médiateur est tenu à la divulgation » faute de quoi « il conforterait par sa présence des actes répréhensibles ».
Il convient de noter que lorsque la personne publique est représentée en médiation par un fonctionnaire, celui-ci est soumis aux dispositions de l'article 40 al. 2 du C.P.P.[34] qui lui imposent la dénonciation de tout crime et délit.
En outre, les exceptions fondées sur « des motifs liés à la protection de l'intérêt supérieur de l'enfant » sont issues de la Convention internationale des droits de l'enfant de 1989[35].
L'intérêt supérieur de l'enfant peut faire l'objet d'une double définition. Par une définition positive, relève de l'intérêt supérieur de l'enfant, notamment le fait de recevoir une éducation (art. 28), d'avoir des relations familiales (art. 8), de connaître ses parents et d'être élevé par eux (art. 7),

---

[33] A. PEKAR LEMPEREUR, J. SALZER, A. COLSON, *Méthode de médiation*, Dunod, 2008, p. 74.

[34] L'article 40, al. 2 du C.P.P. dispose : « Toute autorité constituée, tout officier public ou fonctionnaire qui, dans l'exercice de ses fonctions, acquiert la connaissance d'un crime ou d'un délit est tenu d'en donner avis sans délai au procureur de la République et de transmettre à ce magistrat tous les renseignements, procès-verbaux et actes qui y sont relatifs ».

[35] La Convention relative aux droits de l'enfant a été adoptée par l'Assemblée générale des Nations unies le 20 novembre 1989 et signée par la France le 26 janvier 1990. Le Parlement, par une loi du 2 juillet 1990, en a autorisé la ratification qui est intervenue le 7 août 1990. Conformément à l'article 49 de la Convention, celle-ci est entrée en application en France le 6 septembre 1990.

d'être entendu sur toute question le concernant (art. 12), d'être respecté et considéré comme un individu à part entière (art. 16). Par une définition négative, l'intérêt supérieur de l'enfant peut être caractérisé par exemple par l'absence de toute forme de violence (art. 19), le fait d'être séparé indûment de ses parents (art. 9), ou de subir des pratiques traditionnelles préjudiciables à sa santé (art. 24), ou encore de subir toute autre forme d'exploitation ou d'abus (art. 33 à 36).
Malgré ces deux approches, la notion demeure difficile à appréhender. Il appartient donc au médiateur d'apprécier, au cas par cas, s'il est en présence d'une telle atteinte et, le cas échéant, s'il se doit de lever la confidentialité.
Enfin, « *l'intégrité physique ou psychique d'une personne* » renvoie en partie à la notion de personne vulnérable.

2) La révélation de l'existence ou la divulgation du contenu de l'accord de médiation nécessaire pour sa mise en œuvre

L'article L. 213-2 du C.J.A, dans son dernier alinéa prévoit une deuxième exception : « 2° *Lorsque la révélation de l'existence ou la divulgation du contenu de l'accord issu de la médiation est nécessaire pour sa mise en œuvre* ».
Cette rédaction est la reproduction de l'énoncé des exceptions par la loi de 1995, à une différence près. La loi de 1995 rajoute, à la suite de l'hypothèse de la « *mise en œuvre* » de l'accord, celle d'une divulgation qui serait rendue nécessaire pour son « *exécution* ». La frontière entre ces deux notions est effectivement ténue. Ce choix de rédaction conduit à penser que les rédacteurs du C.J.A. ont pu considérer « *l'exécution* » comme étant incluse dans la « *mise en œuvre* ».

Le schéma ci-après liste les exceptions à la confidentialité.

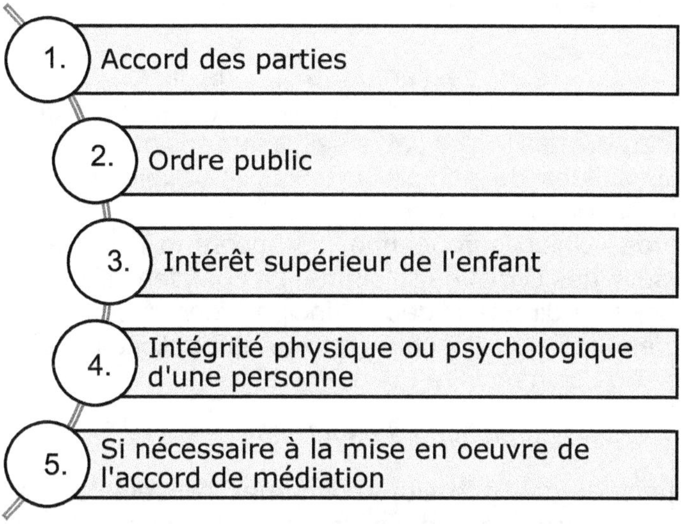

Figure 2 – Exceptions à la confidentialité prévues à l'article L. 213-2 du C.J.A.

Après avoir examiné le principe directeur de confidentialité, il convient de s'intéresser à sa signification par rapport à une procédure juridictionnelle, sans omettre la finalité poursuivie.

§ 2 – La confidentialité : une opposition aux règles du procès équitable nécessaire

Étrangère aux règles universelles du procès équitable (A), la confidentialité n'en demeure pas moins indispensable à l'émergence de la confiance des personnes en conflit pour une médiation de qualité (B).

A. La confidentialité en dissonance aux règles du procès équitable

Contenues au sein de l'article 6 § 1 de la Convention Européenne des Droits de l'Homme, les règles du procès équitable sont des règles universelles au sens où elles sont contenues dans de nombreux textes internationaux tels que la Convention Européenne des Droits de l'Homme, la Charte de l'Union européenne, ou encore la Déclaration Universelle des Droits de l'Homme. La confidentialité vient en opposition directe à deux principes fondamentaux du procès équitable que sont le principe de publicité (1) et le principe du contradictoire (2).

1) Contre-pied au principe de publicité

Le principe de publicité concerne l'ensemble des juridictions civiles et administratives. Il s'applique aux débats juridictionnels et aux prononcés de la décision de justice.

C'est au nom de la publicité des débats que les portes des salles des audiences demeurent ouvertes. Le public, tiers et journalistes compris, peut assister aux audiences. Cette règle procédurale peut, toutefois, être adaptée « si la sauvegarde de l'ordre public ou le respect de l'intimité des personnes ou de secrets protégés par la loi l'exige[36]». Dans de tels cas de figure, le juge peut décider d'un huis clos. Autrement dit, l'audience se déroulera, ou le cas échéant, se poursuivra, sans la présence du public.

Contrairement à la publicité des débats, la publicité du prononcé de la décision ne connaît aucune exception. Tout un chacun peut se voir communiquer, gratuitement, une copie de la décision de justice par le greffe de la juridiction concernée. En outre, la loi du 23 mars 2019[37] prévoit la

---

[36] L. 731-1 C.J.A.

[37] Loi n° 2019-222 du 23 mars 2019 de programmation 2018-2022 et de réforme de la justice.

mise à disposition du public de l'ensemble des décisions de justice. Cette mise à disposition se réalise à titre gratuit, sous forme électronique et dans le respect de la vie privée des parties et des tiers.
Un tel principe est étranger à la médiation, tout comme le principe du contradictoire.

2) Contre-pied au principe du contradictoire

Dans le cadre d'un procès, le principe du contradictoire implique que toutes les pièces, documents ou preuves présentés au juge, soient portés à la connaissance de l'autre partie et librement discutés au cours de l'instruction. Ce principe joue un rôle primordial dans la mesure où le juge ne peut retenir dans sa décision que les explications qu'il a recueillies contradictoirement. Il sert ainsi à éviter que le juge ne se fonde sur des éléments pour trancher le litige sans que l'autre partie n'ait pu les contredire, c'est-à-dire exprimer son point de vue.
La contradiction est un principe absent en médiation. Si un médié livre au médiateur des informations sans que l'autre personne soit au courant, cet agissement n'a pas d'incidence dans le cours de la médiation dans la mesure où le médiateur n'est pas amené à trouver une solution au litige. Par conséquent, de telles révélations ne posent guère de difficulté puisqu'il ne s'agit nullement d'essayer de convaincre ou d'emporter la conviction du médiateur. À l'inverse du conciliateur, le médiateur n'est investi d'aucun pouvoir de décision ou de proposition. Il ne détient pas davantage l'*imperium*[38], ni la *jurisdictio*[39] du juge.
Il convient de garder à l'esprit que le principe du contradictoire, en tant que droit de la défense, trouve sa

---

[38] Traditionnellement représenté par le symbole du glaive, l'*imperium* est le pouvoir régalien du juge de donner des ordres, de disposer de la force publique, d'ordonner des saisies et des astreintes.
[39] La *jurisdictio* désigne le pouvoir dont est investi le juge de dire le droit. Dans le symbole traditionnel de la Justice, la *jurisdictio* est représentée par les deux plateaux.

pleine valeur dans l'égalité des armes. C'est la raison pour laquelle ce principe est inapproprié en médiation. Il n'est en effet nullement question de combattre dans ce lieu de paix et de dialogue constructif, mais au contraire « d'œuvrer main dans la main »[40].
Ainsi, loin de l'arène judiciaire, la confidentialité s'exprime en médiation en faveur de la confiance des personnes.

B. Une confidentialité au service de la confiance et de la réussite du processus

Condition *sine qua non* à la confiance, la confidentialité apparait comme un facteur de réussite du processus. Cette confiance s'observe à deux niveaux : entre les personnes et le médiateur (1) mais aussi à l'égard des personnes en conflit (2).

1) Entre les personnes et le médiateur

Que ce soit au cours des entretiens individuels préalables à la séance plénière de médiation ou encore lors des éventuels apartés, la confidentialité entre les personnes et le médiateur assure une liberté de parole indispensable au processus. En livrant, sous le sceau de la confidentialité, certains éléments au médiateur, le médié libère sa propre parole tout en donnant au médiateur des « clés de lecture » fondamentales pour la compréhension du contexte. À l'image de l'iceberg du conflit, « le litige n'est que la cristallisation apparente d'un différend plus profond qui n'est jamais ouvertement révélé aux yeux des tiers »[41]. Les éléments livrés, sous couvert de la confidentialité,

---

[40] Aude DENIZOT, « les principes directeurs garantissant un règlement des litiges extrajudiciaire et équitable », *in* René SÈVE, *Archive de philosophie du droit*, Tome 61, Dalloz, 2019, p. 152.
[41] Laurent IZAC, « la confidentialité dans la médiation – Une garantie fonctionnelle au service de la loyauté ». In *Pour un droit du règlement amiable des différends, des défis à relever pour une justice de qualité*, L.G.D.J., 2018, p. 287.

peuvent ainsi permettre la création d'un pont d'altérité entre le médiateur et le médié comme l'explique Gary FRIEDMAN dans sa théorie du « V[42] », ou encore informer le médiateur de l'existence d'une partie fantôme[43] et de l'importance de celle-ci dans la solution.
Au cours du processus, en étant placé dans la confidence lors des apartés[44], le médiateur peut « affiner sa perception des forces souterraines[45]» qui animent le différend. Il s'agit d'une « fragmentation du dialogue[46]» sur des « points durs » que les médiés ne sont pas encore prêts à aborder ensemble, particulièrement en séance plénière.
A cet égard, il convient de souligner que dans son écoute attentive des parties prenantes et des révélations parfois sensibles qui peuvent en découler du fait de la confidentialité, tout médiateur doit rester extrêmement vigilant face aux conflits susceptibles de surgir en lui-même. Cette précaution du médiateur vis-à-vis de ses *parts de soi* est essentielle. En effet, elle permet d'assurer la sécurité et le respect de tous les principes directeurs de la médiation, et notamment celui de la confidentialité[47].
En définitive, les éléments livrés dans la confidence au médiateur permettent à ce dernier d'appréhender le processus de manière optimale pour laisser toutes les chances à la médiation d'aboutir.

---

[42] Gary FRIEDMAN, En soi, vers l'autre - Comment les professionnels du conflit peuvent utiliser l'introspection pour aider leurs clients, Médias & Médiations, 2017.

[43] Une partie fantôme est une partie qui ne participe pas au processus de médiation mais qui peut malgré tout en influencer le cours.

[44] Voir note 17.

[45] Laurent IZAC, *op. cit.*, note 41.

[46] *Ibid.*

[47] « L'automédiation des parts de soi du médiateur est un travail introspectif et réflexif pour identifier et comprendre le plus grand nombre d'éléments personnels et apprendre à les gérer de façon à ne pas interférer dans la médiation ». Stéphane MAITREHUT, Des ressources en soi pour gérer les conflits, Médias et Médiations, juin 2024, p. 136.

2) Entre les personnes en conflit

La confidentialité sert à instaurer la confiance entre les personnes en conflit. La confiance est un élément central du processus en ce qu'elle garantit la liberté de parole des médiés. Par ailleurs, cette liberté permet aux personnes d'avancer, de manière créative et transparente, des propositions de solution, puisqu'en cas d'échec de la médiation leurs déclarations ne pourront être réutilisées par l'autre médié. La médiation déploie ainsi un espace, « entre parenthèses », à l'intérieur duquel les propos tenus peuvent être exprimés librement, sans risque d'être par la suite utilisés au détriment de leur auteur.
La confidentialité se révèle un moyen au service de la loyauté des personnes. On peut à cet égard faire le rapprochement avec « le dilemme du prisonnier »[48] qui caractérise, en théorie des jeux[49], une situation où deux joueurs auraient tout intérêt à coopérer afin de trouver la meilleure solution. Cependant, faute de communication possible entre les deux joueurs, la théorie montre que les prisonniers ont plus de risques d'opter pour des solutions qui leur sont moins favorables. Ainsi, la médiation permet aux personnes de sortir du « dilemme du prisonnier » puisque le processus conduit à la définition d'une stratégie partagée et commune.
Or, cette entente sur la stratégie à adopter ne peut voir le jour de façon sécurisée, sans confidentialité. Il apparaît, en effet, primordial que les personnes puissent s'exprimer librement, sans redouter que leurs propos ne soient exploités en dehors de la médiation. Ainsi rassurées sur la confidentialité de leurs échanges, les personnes s'exprimeront sans crainte et pourront faire part de leurs

---

[48] Concept énoncé en 1950 par Albert W. TUCKER, à Princeton.
[49] La théorie mathématique des jeux, décrite autour des années 1920 par Ernst ZERMELO et Émile BOREL, s'intéresse aux interactions stratégiques des agents, appelés « joueurs ».

confidences ou tout autre élément utile à la résolution de leur différend.
Les éléments confiés par les médiés entre eux peuvent permettre l'émergence d'un pont d'altérité, c'est-à-dire la révélation de valeurs communes et universelles. Ce pont d'altérité peut à son tour contribuer à l'apparition du « point de bascule » c'est-à-dire d'un changement de regard sur le différend[50]. La confidentialité peut, dès lors, contribuer à la séparation des personnes, du problème qui les enferme[51].

À la fois intrinsèque et essentielle en ce qu'elle permet d'établir la confiance, la confidentialité s'exprime comme l'A.D.N. de la médiation. Elle est au service de l'authenticité et de la sincérité des échanges. Le rôle fondamental joué par la confidentialité en médiation explique que toute révélation, quel que soit son auteur, soit assortie de sanctions.

Section 2 – Une révélation soumise à sanctions

Le législateur n'a pas prévu de sanctions spécifiques en cas de violation du principe de confidentialité de la médiation. Ce sont donc les sanctions de droit commun qui s'appliquent pleinement. Celles-ci sont toutefois spécifiques, qu'il s'agisse d'une divulgation à l'origine du médiateur ou des médiés (§1) ou de l'avocat lorsque celui-ci accompagne son client (§2).

---

[50] Le point de bascule est également appelé « changement de niveau » en médiation humaniste.

[51] Stephen BENSIMON, Dorothée BERNARD, Pascal DENORMANDIE, François SAVIGNY, *Le médiateur – Le point de bascule – L'étape décisive du succès des médiations*, Les Cahiers du Montalieu, Médias & Médiations, 2019.

§ 1 – Les conséquences de la divulgation à l'égard du médiateur et des médiés

Les conséquences de la divulgation sont identiques pour le médiateur et les médiés. Tous deux exposent leur responsabilité contractuelle (A). Parallèlement à cette responsabilité contractuelle, le médiateur risque la mise en jeu d'une responsabilité qui lui est spécifique (B).

A. L'engagement de la responsabilité contractuelle

La mise en jeu de la responsabilité contractuelle peut prendre deux formes : elle peut donner lieu au versement de dommages et intérêts (1) mais aussi au paiement d'une indemnité en cas de violation d'une clause pénale (2).

1) Le versement de dommages et intérêts

La divulgation est constitutive d'une faute au sens de l'article 1240 du Code civil. Or, en matière de responsabilité, la faute ouvre droit à réparation du préjudice subi.
Plus précisément, la clause de confidentialité est incluse dans l'accord d'entrée en médiation, que celui-ci prenne la forme d'une convention de médiation ou d'un engagement d'entrée en médiation. Dans la mesure où cet accord est conclu entre les médiés et le médiateur (ou les co-médiateurs), tous les co-contractants sont tenus à l'obligation contractuelle de confidentialité. Tous peuvent ainsi être exposés au versement de dommages et intérêts en cas de manquement à leur obligation. Ces dommages et intérêts sont exigibles sur le fondement de l'article 1147 du Code civil à partir du moment où le manquement cause un préjudice. Le cas échéant, les dommages et intérêts octroyés par le juge sont calculés en fonction du préjudice généré.
Parallèlement au versement de dommages et intérêts, les parties prenantes peuvent être exposées au risque d'une violation d'une clause dite pénale.

2) L'éventuelle violation d'une clause pénale

Contrairement à la clause de confidentialité, la clause dite pénale peut être inscrite dans l'accord issu de la médiation. Cette clause pénale, lorsqu'elle existe, ne s'impose qu'aux médiés puisqu'ils sont les seuls signataires de l'accord de médiation.

Il appartient aux collectivités territoriales d'être particulièrement vigilantes à exclure une telle clause des accords de médiation qu'elles sont amenées à conclure. En effet, ces dernières ne peuvent s'engager à tenir confidentiel l'existence de l'accord dans la mesure où celui-ci devra faire l'objet, dans la plupart des cas, d'une approbation de l'assemblée délibérante[52], d'une transmission au comptable public[53] et à la Préfecture[54]. Une réponse ministérielle du 3 décembre 2013[55] rappelle à l'égard des transactions « qu'une clause de confidentialité qui stipulerait de ne pas révéler l'existence de la transaction est incompatible avec sa mise en application ».

Une clause de confidentialité peut donc se révéler comme un véritable *cheval de Troie* pour les collectivités territoriales, tant le respect de cette clause semble voué à l'échec, sauf à être, dans sa rédaction, particulièrement adaptée aux spécificités de la sphère publique locale.

L'extrait ci-après est un exemple de clause pénale à proscrire dans un accord de médiation administrative.

---

[52] Voir *infra*.

[53] Voir *infra*.

[54] Voir *infra*.

[55] Question écrite N° 19577, publiée au J.O. le 26/02/2013.

Article XX : Confidentialité

Les parties conviennent de considérer comme strictement confidentielles aussi bien la teneur que l'existence du présent protocole transactionnel et de ne pas le divulguer ni en faire état à aucune autre fin que pour l'exécution du présent accord ou la mise en œuvre de ses dispositions. Cette clause vaut à l'exception de l'administration fiscale, des commissaires aux comptes, des banques, du notaire du programme du promoteur ou en cas d'obligation impérative, dûment établie, résultant d'une autorité judiciaire.

Il en va de même pour les éventuels cessionnaires ou preneurs de l'immeuble appartenant aux requérants qui devront impérativement être informés et reprendre les engagements pris aux termes des présentes par ces derniers.

En conséquence, à l'exception des cas mentionnés au premier alinéa, chacune des parties s'interdit de diffuser les informations et/ou de divulguer le contenu du protocole sans l'accord préalable écrit exprès de l'autre partie.

De même, les parties s'engagent à imposer cette obligation de confidentialité à tout tiers qu'elles solliciteraient dans le cadre du protocole.

Il ne pourra être divulgué à des tiers sauf autorisation préalable et écrite de l'autre partie, exception faite d'une demande d'une juridiction ou d'une injonction de l'administration, notamment fiscale.

Toute violation de cet engagement de confidentialité et/ou violation de l'une des charges et conditions ci-avant stipulées par les parties sera sanctionnée par le versement d'une indemnité forfaitaire de 15 000 €.

À côté de la responsabilité contractuelle, le médiateur s'expose à une responsabilité qui ressemble, sans pouvoir véritablement en porter le nom, à une responsabilité disciplinaire.

B. La responsabilité du médiateur : chronique d'une responsabilité disciplinaire annoncée

En cas de révélation du médiateur, celui-ci peut d'ores et déjà faire l'objet de mesures d'exclusion et de radiation (1). La structuration de la profession contribuera inéluctablement à l'émergence d'une véritable responsabilité disciplinaire (2).

1) Les prémices d'une responsabilité disciplinaire : exclusion et radiation

En premier lieu, le médiateur peut être exclu du centre de médiation auprès duquel il exerce ses fonctions. En effet, bien souvent le médiateur est membre d'un centre de médiation. Par conséquent, il peut faire l'objet de sanctions, à géométrie variable, en fonction du centre de médiation de rattachement et des règles propres à chaque organisation de médiation.
En pratique, le Code de déontologie du médiateur et de la médiation en France[56] a été adopté par de nombreux centres de médiation. Or, la qualité de membre d'un centre de médiation assujetti à ce code, soumet le médiateur au respect d'un certain nombre de règles parmi lesquelles figure au premier rang, la confidentialité. L'article 3-2 du code précité prévoit une échelle de sanctions allant du blâme à l'exclusion définitive. De même, le Code national de déontologie du médiateur prévoit qu'en cas de manquement : « le médiateur s'expose à être exclu de la liste des médiateurs du centre ou de l'association dont il est membre[57] ».
En second lieu, en établissant une liste de médiateurs par chaque Cour d'appel, la loi « *J21* »[58] prévoit des

---

[56] Élaboré sous l'égide de la Fédération Nationale des Centres de Médiation.
[57] Code national de déontologie du médiateur, p. 8, consultable sur www.anm-mediation.com, le 3 mai 2021.
[58] La loi J21 a inséré un article 22-1 A à la loi du 8 février 1995.

hypothèses de radiation de manière concomitante à la sanction pouvant être infligée par le centre de médiation de rattachement. En effet, la formule du serment des médiateurs judiciaires est la suivante : « Je jure d'exercer ma mission de médiateur en mon honneur et conscience et de ne rien révéler ou utiliser de ce qui sera porté à ma connaissance à cette occasion[59]». La confidentialité étant au cœur du serment, la divulgation du secret peut être sanctionnée par la radiation[60] de la liste sur laquelle le médiateur concerné est inscrit.
Cette liste concerne les médiateurs en matières civile, commerciale et sociale ainsi que les médiateurs familiaux et les services en ligne fournissant des prestations de médiation. Cette liste n'a pas son équivalent pour les juridictions administratives qui demeurent libres de faire appel à toute personne qualifiée. Toutefois, compte tenu de l'essor récent de la médiation administrative, les médiateurs intervenant sur prescription du juge administratif peuvent être des médiateurs judiciaires par ailleurs.

---

59 Article 10 du décret n° 2017-1457 du 9 octobre 2017 relatif à la liste des médiateurs auprès de la cour d'appel.

60 La radiation de la liste des médiateurs est prononcée par l'assemblée générale des magistrats du siège de la Cour d'appel d'inscription du médiateur, ou, à défaut, par la commission restreinte, après rapport du conseiller spécialisé et avis du procureur général. La décision de radiation doit être motivée et notifiée au médiateur. Dans le cadre de la procédure, le médiateur peut faire valoir ses observations. Un recours motivé peut être formé devant la Cour de cassation dans un délai d'un mois.

2) Une responsabilité disciplinaire en construction

Parmi les nombreuses recommandations formulées dans le Livre Blanc de la médiation[61], le collectif Médiation 21 a formulé trois propositions majeures qui préfigurent une véritable responsabilité disciplinaire du médiateur.
Tout d'abord, le collectif Médiation 21 propose la création d'un statut, sans pour autant appeler à l'émergence d'une nouvelle profession réglementée.
Ensuite, le collectif propose l'élaboration d'un Code unique de déontologie de la médiation. Ce code concernerait tous les champs de la médiation et serait commun à l'ensemble des médiateurs exerçant sur le territoire national, quels que soient leurs formations, spécialités ou domaines d'activité. Ce code devrait définir des sanctions en cas de méconnaissance des obligations qu'il définit.
Enfin, « pour faire tenir ensemble tous les fils de cette pratique [la médiation] dans une même pelote conceptuelle », Médiation 21 recommande la création d'un Conseil National de la Médiation (C.N.M.) et d'un Comité National d'Éthique et de Déontologie de la médiation (C.N.E.D.)[62]. Ainsi, le C.N.M. a été créée par la loi pour la confiance dans l'institution judiciaire du 22 décembre 2021. Cette commission administrative consultative a pour mission de rendre des avis, des propositions, des recommandations, sur l'ensemble des domaines de la médiation. Le Conseil est un organe représentatif de régulation de la profession. Il veille à l'uniformisation des

---

[61] Le Livre Blanc de la médiation a été remis au Garde des Sceaux à l'occasion de la semaine mondiale de la médiation qui s'est tenue du 14 au 20 octobre 2019.

[62] Le rôle du C.N.E.D serait en premier lieu de produire et tenir à jour le Code unique de déontologie de la médiation. En second lieu, il pourrait apporter au C.N.M. toutes « réflexions et éclairage » sur la déontologie et l'éthique. Pour ce faire, il serait composé de médiateurs confirmés et reconnus ainsi que de personnalités qualifiées comme par exemple des universitaires ou encore des magistrats provenant du monde des M.A.R.D.

formations et des pratiques de médiation sur le territoire et à une régulation de ces pratiques. Désormais, exercer la profession de médiateur nécessitera un certain nombre d'heures de formation initiale, de formation à la médiation, aux disciplines et outils du médiateur. Aux formations initiales s'ajouteront les exigences d'un suivi de formation continue, de façon annuelle et régulière, ainsi qu'un suivi de la pratique par les groupes d'analyse de pratique.
Le C.N.E.D. quant à lui aurait notamment vocation à devenir un « organe régulateur en cas de manquement des médiateurs et des organisations » aux obligations du code unique de déontologie de la médiation. Dans cette mission, il pourrait donner un « avis éclairé » au C.N.M.
Ce dernier serait quant à lui un organe représentatif de régulation de la profession.
Il convient, par ailleurs, de constater que la charte éthique des médiateurs dans les litiges administratifs prévoit qu'en cas de manquement par le médiateur aux dispositions qu'elle contient, « la juridiction peut mettre fin à la mission de médiation et décider de ne plus lui confier de mission[63]».
Il importe de s'intéresser maintenant aux conséquences de la divulgation pour les avocats dits accompagnateurs, qui participent au processus de médiation, aux côtés de leur client.

§ 2 – Les conséquences de la divulgation à l'égard de l'éventuel avocat accompagnateur

L'avocat accompagnateur est soumis au secret professionnel. Il s'agit d'une obligation légale dont la violation est punie par la loi pénale (A). En tant que règle déontologique, la méconnaissance de l'obligation du secret professionnel est également passible de sanctions disciplinaires (B).

---

[63] Charte éthique des médiateurs dans les litiges administratifs, III, p.4.

A. La violation du secret professionnel : une infraction pénale

Comme tout délit intentionnel, la violation du secret professionnel se compose d'un élément matériel et moral (1). Le manquement à cette obligation légale est soumis à des sanctions lourdes (2).

1) Les éléments matériel et moral de l'infraction

Conformément à l'adage « *nullum crimen, nulla poena sine lege* », la violation du secret professionnel est une infraction pénale réprimée à l'article 226-13 du Code pénal. Aux termes de cet article, constitue une violation du secret professionnel : « La révélation d'une information à caractère secret par une personne qui en est dépositaire soit par état ou par profession, soit en raison d'une fonction ou d'une mission temporaire ».
L'élément matériel de l'infraction est constitué par la divulgation d'une information à caractère secret, peu importe le moyen par lequel l'information a été révélée. La révélation à une seule personne est suffisante pour que l'infraction soit constituée, et ce quand bien même la personne serait, elle aussi, tenue au secret professionnel. En outre, la connaissance des éléments divulgués par d'autres personnes n'enlève pas leur caractère secret[64].
L'élément moral est constitué dès lors que l'auteur de l'infraction a enfreint le secret professionnel en connaissance de cause. Autrement posé, l'infraction ne peut être constituée du fait d'une négligence. Toutefois, l'intention de nuire, ou le mobile de la révélation est sans incidence sur la constitution de l'infraction.
Ainsi, selon Gérard CORNU, le secret professionnel de l'avocat peut s'entendre de « l'obligation pour les personnes qui ont eu connaissance de faits confidentiels lors de l'exercice ou à l'occasion de leurs fonctions, de ne

---

[64] Cass. Crim., 16 mai 2000, n° 99-85.304.

pas les divulguer hors les cas où la loi impose ou autorise la révélation du secret[65]».
Il convient par ailleurs d'observer que la loi du 31 décembre 1971[66] prévoit expressément que le secret professionnel couvre les activités de conseil de l'avocat.

2) Les sanctions du manquement

En application du même article 226-13 du C. pénal, la violation du secret professionnel est un délit instantané[67], puni d'une peine d'un an d'emprisonnement et de 15 000 € d'amende.
En outre, des peines complémentaires peuvent être prononcées, en application des dispositions de l'article 226-31 du C. pénal. À ce titre, l'interdiction des droits civiques, civils et de famille ou encore l'interdiction d'exercer l'activité professionnelle ou sociale, dans l'exercice, ou à l'occasion de l'exercice de laquelle l'infraction a été commise, peuvent s'ajouter à la condamnation principale.
Mais le secret professionnel a un double visage : au-delà d'une obligation légale, il s'agit aussi d'une exigence déontologique.

---

[65] Gérard. CORNU, *Vocabulaire juridique*, Association Henri Capitant, PUF, coll. Quadrige, 10e éd., 2004, V° Secret professionnel.
[66] Loi n° 71-1130 du 31 décembre 1971 portant réforme de certaines professions judiciaires et juridiques, article 66-5.
[67] Un délit est dit instantané lorsqu'il se produit dans un laps de temps très court et ininterrompu. C'est le cas par exemple du vol qui se consomme lors de la soustraction de la chose d'autrui. Les infractions peuvent être également permanentes (infractions instantanées dont les effets se prolongent dans le temps en raison de l'attitude passive de son auteur, telle l'apposition d'une affiche en un lieu interdit par exemple) ou continues (la consommation de l'infraction peut se prolonger dans le temps par la persistance de la volonté délictueuse de son auteur, comme la séquestration par exemple). Source : Raymond GUILLIEN et Jean VINCENT (dir.), *Lexique des termes juridiques*, Dalloz, 13ème édition, 2001, V° Infraction.

B. Le secret professionnel : une obligation déontologique

La violation du secret professionnel est l'une des plus lourdes atteintes qu'un avocat puisse porter à la déontologie. Cette atteinte forte se manifeste sur le terrain de la responsabilité disciplinaire (1) et justifie la gravité des sanctions disciplinaires encourues (2).

1) La mise en jeu de la responsabilité disciplinaire

Les avocats sont soumis aux règles déontologiques de leur profession. Le Règlement Intérieur National de la profession d'avocat, dit R.I.N. constitue le socle de la déontologie des *robes noires*, complété par le décret n° 2005-790 du 12 juillet 2005 relatif aux règles de déontologie de la profession d'avocat. Les avocats font également partie d'un ordre qui a spécifiquement pour mission de veiller au respect de ces règles. Aussi, le manquement à une obligation déontologique peut donner lieu à des poursuites disciplinaires. L'opportunité des poursuites relève du Conseil de l'Ordre des avocats.

La violation du secret professionnel constitue une faute disciplinaire dont le champ d'application est large quant à la personne envers laquelle elle peut être commise. La faute peut être réalisée envers le client, le confrère, ou toute autre personne et, en particulier, envers l'autre médié en situation de médiation ou encore envers le juge en cas de poursuite de la médiation sur le terrain contentieux.

En outre, l'avocat peut être poursuivi pour négligence, l'intention frauduleuse n'étant pas une condition pour l'engagement des poursuites disciplinaires.

La mise en jeu de la responsabilité disciplinaire donne par ailleurs lieu à sanctions.

2) Les sanctions

De manière liminaire, il convient d'observer que l'avocat ne peut être délié du secret par son client[68].
Le Conseil de l'Ordre des avocats peut infliger des peines disciplinaires conformément aux dispositions du décret du 24 mai 2005[69]. Les sanctions pouvant être infligées sont, par ordre croissant de gravité : l'avertissement, le blâme, l'interdiction temporaire (laquelle ne peut excéder trois années), la radiation du tableau des avocats ou, le cas échéant, le retrait de l'honorariat.
À côté de ces peines disciplinaires, une mesure de sûreté peut être instituée pour la protection des tiers. Il s'agit d'une suspension provisoire qui peut être prononcée lorsque l'urgence ou la protection du public l'exige. Cette peine trouve à s'appliquer à la demande du procureur général ou du bâtonnier. Cette mesure ne peut excéder une durée de quatre mois, renouvelable.

Au terme de ce premier chapitre, la confidentialité apparaît comme ayant été véritablement importée en droit public. Les dispositions de la Directive européenne de 2008, codifiées en droit interne, ont été reprises en grande partie au sein du C.J.A. Il est intéressant de comprendre comment, en pratique, ce principe directeur se manifeste en médiation administrative.

---

[68] Cass. 1ère Civ., 6 avril 2004.
[69] Décret n° 2005-531 du 24 mai 2005 modifiant le décret n° 91-1197 du 27 novembre 1991 organisant la profession d'avocat et relatif à la discipline.

Chapitre 2 – Une confidentialité pleinement consacrée en médiation administrative

La confidentialité se révèle parfaitement consacrée en médiation administrative, à tous les stades du processus. Fondamentale au stade des opérations de médiation et en sortie du processus (Section 1), la confidentialité continue à s'exprimer pleinement au niveau de l'accord ; celui-ci revêtant la qualification de document administratif *non communicable* (Section 2).

Section 1 – Lors des opérations de médiation et à l'issue

Le terme *opération* renvoie à celui employé pour les expertises. Appliquée à la médiation, l'opération constitue la succession des étapes allant de la désignation du médiateur jusqu'à la rédaction de l'accord. Nous allons à présent passer chacune de ces étapes au crible de la confidentialité ; de l'ouverture (§1), au cours du processus, à l'issue de la médiation (§2).

§ 1 – A l'ouverture de la médiation

L'ouverture de la médiation est marquée par un accord des parties prenantes sur l'étendue du cercle de confidentialité (A). La confidentialité imprègne par ailleurs les actes du juge prescripteur (B).

A. L'accord des personnes sur le cercle de confidentialité

Le cercle de confidentialité peut être défini, de manière variable, dans l'accord d'entrée en médiation (1). Cette définition n'est pas sans soulever des interrogations au regard des personnes représentant les collectivités territoriales en médiation (2).

1) Dans l'accord d'entrée en médiation : une confidentialité à géométrie variable

Dans le cadre du procès, le cercle de confidentialité englobe une partie et son conseil, uniquement. En médiation, ce cercle est élargi à toutes les parties prenantes et au médiateur.

Le C.J.A. admet que les médiés conviennent d'écarter la confidentialité, de manière consensuelle. Cependant, une levée de la confidentialité paraît risquée pour les collectivités territoriales. En effet, la confidentialité permet de créer la sérénité nécessaire aux échanges. Elle place les médiés, et donc la personne publique, à l'abri de toute pression extérieure.

Comme le souligne Christine GUY-ECABERT, la révélation prématurée d'information au cours du processus de médiation peut placer la collectivité territoriale sous « une pression publique forte[70]». Cette révélation anticipée pourrait rendre difficile la prise de décision et en tout état de cause l'émergence d'une opinion sereine. « Révéler trop tôt une position déterminée peut, suivant les circonstances, figer prématurément le débat[71]», et ainsi couper court à toute créativité dans la recherche de solution.

Par ailleurs, cette pression peut également affecter le médiateur. À cet égard, le Code national de déontologie du médiateur rappelle que « le médiateur doit être détaché de toute pression intérieure et/ou extérieure à la médiation, même lorsqu'il se trouve dans une relation de subordination et/ou institutionnelle ».

---

[70] Christine GUY-ECABERT, Procédure administrative et médiation - Inscription d'un modèle procédural dans un contexte en mutation, Études, Schulthess Médias Juridiques, Éditions Bruylant, 2002, Thèse présentée à la Faculté de droit et des sciences économiques de l'Université de Neuchâtel, Suisse, p. 252.

[71] *Ibid.*

Pour toutes ces raisons, la levée de la confidentialité ne semble pas opportune pour les collectivités territoriales au stade du processus.

2) Le secret de l'engagement en médiation en débat pour les collectivités territoriales

La question de la représentation de l'administration en médiation n'est pas simple. Sur ce point, Maître Françoise SARTORIO observe que des médiateurs préférèrent s'abstenir de faire signer un accord de confidentialité, dans la mesure où un interlocuteur public ne pourrait, selon eux, garantir la confidentialité et que le respect de ce principe ne serait pas possible pour un fonctionnaire, « au regard de sa situation statutaire et disciplinaire[72]».
Pour d'autres, à partir du moment où au moins un des médiés est une collectivité locale, la notion de confidentialité revêtirait « un caractère relatif[73]». En effet, l'exécutif ne pourrait engager une médiation sans avoir reçu une délégation de son assemblée délibérante. Pour les communes, cette délégation interviendrait dans le cadre des dispositions de l'article L. 2122-22 du C.G.C.T. Or, le maire doit rendre compte au Conseil municipal de l'exécution de ses délégations, en application de l'article L. 2122-23 du même code et ce à chaque réunion obligatoire de l'assemblée délibérante.
Autrement dit, la commune ne pourrait entrer en médiation qu'après y avoir été autorisée par son organe délibérant. En ce sens, le principe de confidentialité se révèle relatif puisque l'intégralité des membres de l'assemblée serait informée de l'ouverture de la médiation et, indirectement, mais nécessairement, le public.

---

[72] Françoise SARTORIO, *op. cit.*, note 22.
[73] Jean-Philippe LACHAUME, « La médiation en droit public », *in Les modes alternatifs de règlement des litiges en droit administratif*, Collection Actes & colloques de la Faculté de Droit et de Sciences sociales de Poitiers, Presses universitaires juridiques de Poitiers, L.G.D.J., mai 2018, p. 125-127.

Au-delà de ces interrogations soulevées par la doctrine, il convient toutefois d'observer que le gouvernement est venu éclairer la conduite à tenir. Ainsi, la collectivité territoriale n'aurait pas besoin d'une décision d'ester pour entrer en médiation. En effet, une réponse ministérielle de 2018 est venue préciser que l'accord de l'organe délibérant « n'est pas requis pour accepter le principe même d'une médiation[74]». De même, l'exécutif local demeure libre d'entamer une médiation que celle-ci soit ouverte à son initiative ou à celle du juge.
Après cette première étape préalable au démarrage du processus, il convient d'observer comment la confidentialité se traduit, le cas échéant, dans les écrits du juge.

B. Par le juge administratif

La confidentialité de la part du juge s'apprécie au regard des actes qu'il est amené à prendre en médiation (1) mais aussi plus largement à travers sa doctrine (2).

1) Dans les actes du juge prescripteur

Le principe de confidentialité irrigue tous les actes du juge relatifs à l'ouverture de la médiation.
Tout d'abord, la confidentialité s'exprime au travers de la demande d'accord pour l'entrée en médiation adressée aux parties en vue de recueillir leur consentement à la médiation. Le juge administratif y précise que la « démarche de médiation se déroule dans la confidentialité » et que « les éléments échangés à cette occasion ne sauraient avoir aucune influence sur l'issue de la procédure ». Le principe cardinal figure également dans

---

[74] Réponse du Ministère de la justice, publiée dans le J.O. du Sénat du 29 mars 2018 - page 1518, à la question écrite n° 03859 de M. Jean Louis Masson (Moselle - NI) publiée dans le J.O. Sénat du 15 mars 2018 - page 1166.

la fiche pédagogique[75] élaborée par les juridictions administratives et qui est jointe à chaque demande d'accord pour médiation[76].
Ensuite, et en cas d'acceptation de la médiation par les deux parties, le Tribunal administratif de Poitiers, par exemple, sollicite auprès des médiateurs qu'il désigne un « engagement de mission[77]», au titre de l'article L. 213- 2 du C.J.A. Par ce document, les médiateurs s'engagent à accomplir leur mission « avec conscience, objectivité, impartialité, confidentialité, et dans le respect des délais impartis » par la décision qui les a désignés.
Enfin, la confidentialité est rappelée dans l'ordonnance de désignation du médiateur.

2) Dans la culture des juridictions administratives

En premier lieu, il convient de souligner que le Conseil d'État a instauré un *comité justice administrative et médiation* qui a vocation à favoriser et développer les échanges entre tous les acteurs de la résolution des conflits. Dans ce cadre, un réseau de référents médiation a été déployé, fin 2017, dans toutes les juridictions administratives. Aussi, un espace de discussion a été créé avec un forum en ligne à destination des référents médiation. Cet espace contient également une rubrique *questions/réponses* pour faire part d'interrogations concrètes quant à la mise en œuvre du processus, comme par exemple celles ayant trait à l'application du principe de confidentialité.
En second lieu, une convention cadre *médiation* a été signée en décembre 2017 entre le Conseil d'État et le Conseil National des Barreaux. Celle-ci s'est déclinée sur l'ensemble du territoire national entre les tribunaux, les cours, les barreaux et les administrations locales. Le

---

[75] Disponible sur le site du Conseil d'État : www.conseil-etat.fr
[76] Annexe 3.
[77] Annexe 4.

principe de confidentialité se manifeste comme un maître-mot puisqu'il ressort dans la grande majorité des articles[78] que comportent ces conventions, toutes déclinées sur le même modèle.
Tel un fil d'Ariane, la confidentialité se poursuit au cours du processus et au-delà.

§ 2 – Au cours et à l'issue du processus

La confidentialité s'incarne de différentes manières au cours de la médiation (A). À l'issue du processus, elle représente une protection des personnes en cas d'échec de la médiation (B).

A. Une confidentialité protéiforme

La confidentialité prend de multiples visages tout au long du processus de médiation. Elle se concrétise, d'une part, par la non divulgation des entretiens séparés et des apartés (1) et se manifeste, d'autre part, dans la relation du médiateur au juge prescripteur (2).

1) La non divulgation des entretiens séparés et des apartés

En premier lieu, du fait de l'absence de principe du contradictoire, le médiateur peut se réunir avec chaque partie prenante, séparément, sans être tenu de relater les informations reçues à l'autre médié.
C'est particulièrement le cas lors des entretiens individuels préalables à une réunion plénière ou lors d'apartés[79].
En second lieu, en réunion plénière, les prises de notes, les débats, ne peuvent être dévoilés sauf accord des parties prenantes. Eu égard à la progression des médiations en visioconférence, les possibilités de

---

[78] Pour un exemple, voir la convention relative à la mise en œuvre de la médiation dans le ressort du T.A. de Strasbourg, en particulier les articles III, V, VI et VII. www.strasbourg.tribunal-administratif.fr
[79] Voir note 17.

captation et d'enregistrement doivent absolument être évoquées avec l'ensemble des parties prenantes avant le démarrage des séances.

2) La plume levée du médiateur dans sa relation au juge

La confidentialité s'exprime dans la relation du médiateur au juge prescripteur.
L'article R. 213-9 al. 2 du C.J.A. dispose : « Le médiateur tient le juge informé des difficultés qu'il rencontre dans l'accomplissement de sa mission ». Les déclarations ou constatations couvertes par la confidentialité sont naturellement exclues de cette remontée d'information en direction du juge.
Pour le Professeur Nathalie FRICERO[80], cet écrit est *contradictoire*. Autrement dit, il convient que les deux médiés soient informés de ce que le médiateur s'apprête à transmettre au juge et qu'ils soient d'accord sur les termes employés. Une formulation neutre doit être utilisée afin de ne pas compromettre l'impartialité du magistrat.
Selon l'article L. 213-9 C.J.A. : « Le médiateur informe le juge de ce que les parties sont ou non parvenues à un accord ». En d'autres termes, à l'expiration de sa mission, le médiateur communique uniquement au juge qui a proposé une médiation, si une solution a été trouvée par les parties, ou non.
Dans un arrêt du 29 décembre 2022[81], le Conseil d'État a précisé que le principe d'impartialité s'oppose à ce qu'un magistrat administratif choisi ou désigné comme médiateur, en application de l'article L. 213-1 du code de justice administrative, participe à la formation de jugement chargée de trancher le différend soumis à la médiation ou intervienne comme rapporteur public.

---

[80] Nathalie FRICERO, *op. cit.*, note 32.
[81] C.E., 29 décembre 2022, *Société Gemco*, req. n° 459673, mentionnée dans les tables du recueil Lebon.

Aussi, lorsque l'aide juridictionnelle est mobilisée, l'article 118-10 du décret du 19 décembre 1991[82] prévoit l'établissement d'un rapport préalablement à la rétribution du médiateur. Dans cette hypothèse, le médiateur doit transmettre au juge : « un rapport de présentation permettant à ce dernier d'apprécier l'importance et le sérieux des diligences accomplies ». Pour autant, la rédaction de ce rapport ne doit pas amener le médiateur à manquer à son obligation de confidentialité. Dans ce cadre, ses écritures ne doivent faire état ni des constatations, ni des éventuelles déclarations qu'il a recueillies au cours du processus de médiation. Si le rapport peut indiquer, par exemple, le nombre et la durée des séances ayant eu lieu, il ne doit pas détailler davantage. Pour reprendre l'expression du Professeur Nathalie FRICERO[83], « la plume du médiateur doit rester levée ».
Par ailleurs, la confidentialité vise également à protéger les parties prenantes en cas d'échec du processus et de poursuite du conflit devant le juge.

B. Une confidentialité de protection des personnes en cas d'échec du processus

La *confidentialité de protection* s'exprime par l'impossibilité de verser certains éléments à l'appui d'une procédure juridictionnelle (1), mais celle-ci trouve sa limite dans le droit de la preuve (2).

1) L'impossible versement en procédure contentieuse…

Il résulte de la lettre de l'article L. 213-2 al. 2 du C.J.A. que « les déclarations recueillies au cours de la médiation ne peuvent être […] ni invoquées ou produites dans le cadre

---

[82] Décret n° 91-1266 du 19 décembre 1991 portant application de la loi n° 91-647 du 10 juillet 1991 relative à l'aide juridique.
[83] Nathalie FRICERO, *op. cit.*, note 32.

d'une instance juridictionnelle ou arbitrale sans l'accord des parties ».

En principe, les éléments obtenus dans le cadre du processus de médiation ne peuvent être versés à l'appui d'une requête ou d'écriture en défense. Un tel réemploi se fait au risque de voir la pièce écartée des débats.

La production d'un élément couvert par le sceau de la confidentialité peut également donner lieu au déport du juge si cet élément est de nature à porter atteinte à l'impartialité du magistrat. À titre d'exemple, on peut citer le cas du versement, à l'appui d'une requête, d'une correspondance d'un médié informant les autres parties prenantes de sa décision de ne pas poursuivre la médiation.

2) … limité par le droit de la preuve

Cependant, il convient d'observer que le principe de confidentialité peut venir heurter le droit de la preuve. Concrètement, si une partie produit un élément en violation de l'obligation de confidentialité, cet élément sera soumis au contrôle de proportionnalité du juge et, le cas échéant, pris en compte ou écarté des débats.

Le droit de la preuve est un droit inhérent au procès équitable. Contrairement au principe de publicité et du contradictoire, il ne cède pas le pas face à la médiation. C'est ce qui amène Laurent IZAC à expliquer que la confidentialité ne s'impose pas de manière inconditionnelle et systématique. Il s'agit davantage d'une « notion fonctionnelle[84] » dont la vocation est de garantir le respect de la loyauté entre les parties.

C'est la raison pour laquelle, loin de constituer un rempart protecteur inébranlable, la confidentialité des pièces tombe lorsque l'autre médié en disposait déjà avant la médiation, par exemple.

---

[84] Laurent IZAC, *op. cit.*, note 41.

De même, la confidentialité ne doit pas conduire à rendre impossible l'utilisation d'un élément de preuve, si la personne concernée avait indéniablement pu le produire à l'appui de ses écritures en l'absence de médiation.
Ainsi, la confidentialité des informations recueillies par les personnes à l'occasion du processus de médiation ne saurait constituer un paravent.
Par ailleurs, la consécration du principe de confidentialité en médiation administrative se révèle à travers l'affirmation par la Commission d'Accès aux Documents Administratifs (C.AD.A.), du caractère non communicable de l'accord de médiation.

Section 2 – Le caractère non communicable de l'accord de médiation affirmé par la C.A.D.A.

Dans son avis du 8 octobre 2020, Préfecture de l'Hérault[85], la C.A.D.A. a été amenée à se prononcer pour la première fois sur la non-communicabilité d'un dossier de médiation administrative. Il convient d'analyser cet avis pour en tirer toute la portée. Bien que l'Autorité Administrative Indépendante (A.A.I.) qu'est la C.A.D.A. reconnaisse que le dossier de médiation répond à la qualification de document administratif (§1), elle estime que celui-ci relève du régime des actes non communicables (§2).

§ 1 – La qualification récente du dossier de médiation en tant que document administratif

L'A.A.I. reconnaît la qualification de document administratif du dossier de médiation judiciaire (B) en détachant celui-ci de tout lien avec la fonction de juger (A).

---

[85] Avis C.A.D.A. n° 20202442 - Séance du 8 octobre 2020 - *Préfecture de l'Hérault.*

A. Le dossier de médiation détachable de la fonction de juger

Le détachement de l'accord de médiation de la procédure juridictionnelle (1) est en parfaite adéquation avec la position de l'A.A.I. en matière d'accord transactionnel (2).

1) L'accord de médiation détachable de la procédure juridictionnelle ...

De manière constante, la C.A.D.A. considère que les documents juridictionnels, autrement dit les documents émanant des juridictions, en lien avec la fonction de juger, ne revêtent pas un caractère administratif[86]. Il en est de même pour les documents établis par les administrations qui ne sont pas « détachables d'une procédure juridictionnelle[87] ».
Dans son avis du 8 octobre 2020, la C.A.D.A. rappelle que « la médiation est un processus structuré par lequel les parties tentent de parvenir à un accord en vue de la résolution amiable de leur litige, avec l'aide d'un tiers, le médiateur, choisi par elles ou désigné, avec leur accord ».
C'est pourquoi, si elle reconnaît que la médiation a pour objet précis de prévenir ou d'éteindre un litige relevant du juge administratif, elle considère cependant que ce M.A.R.D. est détachable de la fonction de juger. Partant, la médiation est aussi détachable de la phase juridictionnelle puisque la finalité est précisément de l'éviter.
Le dossier de médiation constitue donc bien, selon elle, un document administratif relevant du régime de communication du C.R.P.A.

---

[86] C.E., 27 juillet 1984, n° 30590, Association S.O.S. Défense c/ Cour de cassation, p. 284 ; C.E., 26 janvier 1990, n° 104236 : Lebon T. 780.
[87] C.E., 2 octobre 1994, X, n° 123584, T. p. 951 ; C.E., 31 mars 2017, Garde des Sceaux, ministre de la Justice c/ M. X, n° 408348.

2) … en harmonie avec le régime des transactions

La transaction est classiquement régie par l'article 2044 du Code civil. Ces dispositions de droit commun ont été reprises en substance à l'article L. 423-1 du C.R.P.A. dans les termes suivants :
« Ainsi que le prévoit l'article 2044 du code civil et sous réserve qu'elle porte sur un objet licite et contienne des concessions réciproques et équilibrées, il peut être recouru à une transaction pour terminer une contestation née ou prévenir une contestation à naître avec l'administration. La transaction est formalisée par un contrat écrit ».
Après avoir tranché de manière nette en faveur du rattachement des transactions à la catégorie des documents juridictionnels, la C.A.D.A. a abandonné cette position en acceptant de connaître des transactions.
Il en avait été jugé ainsi par un avis *Préfecture du Tarn*, en 2011[88] et dans un avis plus récent, *Centre hospitalier de la région d'Annecy*, de 2016. En pareil cas, l'A.A.I. déclinait sa compétence pour apprécier le caractère communicable du document qui lui était soumis.
Le revirement est apparu par un avis du 9 juillet 2015[89], dans lequel la C.A.D.A. reconnaît sa compétence, abandonnant ainsi le rattachement de la transaction à la fonction de juger.
Par conséquent, accord de médiation et protocole transactionnel relèvent tous les deux de la catégorie de document administratif.

B. La notion de document administratif

Le cadre légal de la communication des documents administratifs est entièrement codifié au sein du C.R.P.A. (1). Toutefois, le principe de communication des

---

[88] C.A.D.A., avis n° 20111631, *Préfecture du Tarn* ; C.A.D.A., avis n° 20160061, *Centre hospitalier de la région d'Annecy*.
[89] C.A.D.A., avis n° 20152750 du 9 juillet 2015.

documents administratifs souffre de nombreuses exceptions (2).

1) Le rattachement des documents administratifs au régime de communication du C.R.P.A.

Le régime de communication des documents administratifs est principalement organisé par les lois du 17 juillet 1978[90], du 11 juillet 1979[91] et du 12 avril 2000[92], toutes trois codifiées au sein du C.R.P.A. En application de ce cadre légal, l'administration se doit de communiquer les documents administratifs qu'elle détient à toute personne qui en fait la demande.
La C.A.D.A. définit les documents administratifs, au sens du C.R.P.A., (article L. 300-2) de la manière suivante : « quels que soient leur date, leur lieu de conservation, leur forme et leur support, les documents produits ou reçus, dans le cadre de leur mission de service public, par l'État, les collectivités territoriales ainsi que par les autres personnes de droit public ou les personnes de droit privé chargées d'une telle mission ».
À titre d'exemple, on peut citer les dossiers, rapports, études, comptes rendus, procès-verbaux, statistiques, instructions, circulaires, notes et réponses ministérielles, correspondances, avis, prévisions, codes sources ou encore les décisions.

---

[90] Loi n° 78-753 du 17 juillet 1978, portant diverses mesures d'amélioration des relations entre l'administration et le public et diverses dispositions d'ordre administratif, social et fiscal, codifiée au livre III du C.R.P.A : L'accès aux documents administratifs et la réutilisation des informations publiques (Articles L. 300-1 à L. 351-1).

[91] Loi n° 79-587 du 11 juillet 1979, relative à la motivation des actes administratifs et à l'amélioration des relations entre l'administration et le public.

[92] Loi n° 2000-321 du 12 avril 2000, relative aux droits des citoyens dans leurs relations avec les administrations.

2) Les exclusions de communication

En premier lieu, le droit d'accès ne concerne que des documents achevés.
En second lieu, il ne s'applique pas aux documents dits préparatoires à une décision administrative tant que celle-ci est en cours d'élaboration.
Enfin, le droit d'accès cède à partir du moment où les documents font l'objet d'une diffusion publique, ce qui est le cas lors de la mise en ligne sur le site internet de la collectivité par exemple. Dit autrement, lorsque le document administratif sollicité par un administré a été diffusé publiquement, l'administration n'est plus tenue d'accéder à la demande de communication qui lui est présentée.
Cependant, aucune de ces trois raisons n'a été mobilisée pour servir de fondement au refus de communication de la C.A.D.A. Le cadre légal du droit d'accès aux documents administratifs est beaucoup plus nuancé.
Il convient donc d'analyser précisément les raisons qui ont conduit la C.A.D.A. à trancher en faveur d'un refus de communication.

§ 2 – Le caractère non communicable du dossier de médiation et sa portée

Dans son avis *Préfecture de l'Hérault*, la C.A.D.A. pose, pour la première fois, le principe du caractère non communicable du *dossier de médiation* sans en expliquer plus en détail la signification. En outre, il apparait intéressant de déchiffrer la notion de *dossier de médiation* protégé par la loi (A) et d'identifier les limites à sa non-communicabilité (B).

A. L'accord de médiation : un secret protégé par la loi

Il convient de décortiquer la notion de *dossier de médiation* (1) avant de s'attacher à celle de *secret protégé par la loi* (2).

1) La notion de « dossier de médiation »

Par une demande de conseil[93] la C.A.D.A a répondu que l'avis du 8 octobre 2020 était précisément applicable aux accords de médiation. Elle a ainsi levé le doute sur une éventuelle dissociation du régime des documents découlant du processus, de ceux en lien avec la solution trouvée en médiation. En effet, dans cet avis, la demande initiale portait notamment sur la communication du « texte complet de la médiation judiciaire mise en place entre le Préfet et la commune de Brissac pour obtenir une dérogation à la discontinuité de l'urbanisation ».
La C.A.D.A. a répondu à la demande de conseil que « même si dans le corps de l'avis, c'est le terme dossier qui est utilisé, il faut le lire comme incluant les deux points figurant dans le premier paragraphe, dont le point 1) portant sur le texte complet de la médiation ». Dès lors, l'accord issu de la médiation se trouve inclus dans la notion de *dossier de médiation*.

2) La notion de secret protégé par la loi

La non communication des documents administratifs en raison de l'existence d'un secret protégé par la loi figure expressément à l'article L. 311-5 du C.R.P.A.
Le secret des délibérations du Gouvernement et des autorités responsables relevant du pouvoir exécutif, le secret de la défense nationale, la conduite de la politique extérieure de la France, la sûreté de l'État, la sécurité

---

[93] Les P.R.A.D.A. bénéficient d'un espace dédié et de la faculté de solliciter un conseil. Cette demande de conseil ne donne pas lieu à un avis.

publique, la sécurité des personnes ou encore la sécurité des systèmes d'information des administrations sont des secrets protégés par la loi.
Par ailleurs, aux termes du point h) du 2° de ce même article : « Ne sont pas communicables : [...]
2° Les autres documents administratifs dont la consultation ou la communication porterait atteinte : [...]
h) Ou sous réserve de l'article L. 124-4 du code de l'environnement[94], aux autres secrets protégés par la loi ».
Dans son avis *Préfecture de l'Hérault*, la C.A.D.A. relève que l'article L. 213-2 du C.J.A. dispose : « sauf accord contraire des parties, la médiation est soumise au principe de confidentialité. Les constatations du médiateur et les déclarations recueillies au cours de la médiation ne peuvent être divulguées aux tiers ni invoquées ou produites dans le cadre d'une instance juridictionnelle ou arbitrale sans l'accord des parties ».
De même, elle constate que la confidentialité constitue « un principe directeur des processus de médiation indispensable pour garantir la transparence et la confiance des personnes ». Par conséquent, afin d'assurer « l'effectivité de ce M.A.R.D. », l'accord de médiation doit être regardé comme « un secret protégé par la loi, au sens du h) du 2° de l'article L. 311-5 du C.R.P.A. ».
La C.A.D.A. en déduit que le dossier de médiation, nonobstant sa qualité de document administratif, n'est pas communicable à un tiers. Elle émet par conséquent un avis défavorable à la demande de communication qui lui est présentée.
Toutefois ce caractère non communicable du dossier de médiation trouve sa limite dans les éventuelles informations environnementales.

---

94 Relatif aux informations environnementales.

B. L'exception des informations dites environnementales

Les informations environnementales font l'objet d'une définition légale (1) et obéissent à un régime de communication plus large que celui des documents administratifs (2).

1) Les informations environnementales : définition

Aux termes de l'article L. 124-2 du Code de l'environnement, sont considérées comme une information relative à l'environnement :
« [...] toute information disponible, quel qu'en soit le support, qui a pour objet :
1° L'état des éléments de l'environnement, notamment l'air, l'atmosphère, l'eau, le sol, les terres, les paysages, les sites naturels, les zones côtières ou marines et la diversité biologique, ainsi que les interactions entre ces éléments ;
2° Les décisions, les activités et les facteurs, notamment les substances, l'énergie, le bruit, les rayonnements, les déchets, les émissions, les déversements et autres rejets, susceptibles d'avoir des incidences sur l'état des éléments visés au 1° ;
3° L'état de la santé humaine, la sécurité et les conditions de vie des personnes, les constructions et le patrimoine culturel, dans la mesure où ils sont ou peuvent être altérés par des éléments de l'environnement, des décisions, des activités ou des facteurs mentionnés ci-dessus ;
4° Les analyses des coûts et avantages ainsi que les hypothèses économiques utilisées dans le cadre des décisions et activités visées au 2° ;
5° Les rapports établis par les autorités publiques ou pour leur compte sur l'application des dispositions législatives et réglementaires relatives à l'environnement ».
Ainsi, contrairement au droit d'accès aux documents administratifs, le droit d'accès aux informations environnementales porte sur des *informations* et non sur des *documents*.

2) Un régime spécifique de communication élargie

Le droit de toute personne d'accéder aux informations environnementales se traduit, pour les collectivités territoriales, par l'obligation de communiquer les informations relatives à l'environnement qu'elles détiennent, à toute personne qui en fait la demande.
Cependant, la C.A.D.A. observe que la communication des informations relatives à l'environnement s'exerce dans les conditions prévues par l'article L. 124-4 du Code de l'environnement, lequel prévoit : « I. - Après avoir apprécié l'intérêt d'une communication, l'autorité publique peut rejeter la demande d'une information relative à l'environnement dont la consultation ou la communication porte atteinte :
1° Aux intérêts mentionnés aux articles L. 311-5 à L. 311-8 du code des relations entre le public et l'administration, à l'exception de ceux visés au e et au h du 2° de l'article L. 311-5 ;
2° À la protection de l'environnement auquel elle se rapporte ;
3° Aux intérêts de la personne physique ayant fourni, sans y être contrainte par une disposition législative ou réglementaire ou par un acte d'une autorité administrative ou juridictionnelle, l'information demandée sans consentir à sa divulgation ;
4° À la protection des renseignements prévue par l'article 6 de la loi n° 51-711 du 7 juin 1951 sur l'obligation, la coordination et le secret en matière de statistiques.
II. - Sous réserve des dispositions du II de l'article L. 124-6, elle peut également rejeter :
1° Une demande portant sur des documents en cours d'élaboration ;
2° Une demande portant sur des informations qu'elle ne détient pas ;
3° Une demande formulée de manière trop générale ».

Concrètement, lorsqu'un document contient des informations notamment couvertes par l'article L. 124-2 du Code de l'environnement, voire d'autres informations, comme cela peut être le cas d'un accord de médiation, seules les informations environnementales, au sens de l'article L. 124-2, seront communicables, s'il est possible d'en extraire les informations en cause[95]. Dès lors, il incombe à l'autorité administrative d'apprécier l'intérêt d'une communication des informations environnementales éventuellement contenues dans le dossier de médiation, à l'aune des intérêts énumérés à l'article L. 124-4 du Code de l'environnement.

---

[95] Circulaire N.O.R. : TREK2011472C du 11 mai 2020 relative à la mise en œuvre des dispositions régissant le droit d'accès à l'information relative à l'environnement.

Droit d'accès aux documents administratifs
- Arbre décisionnel -

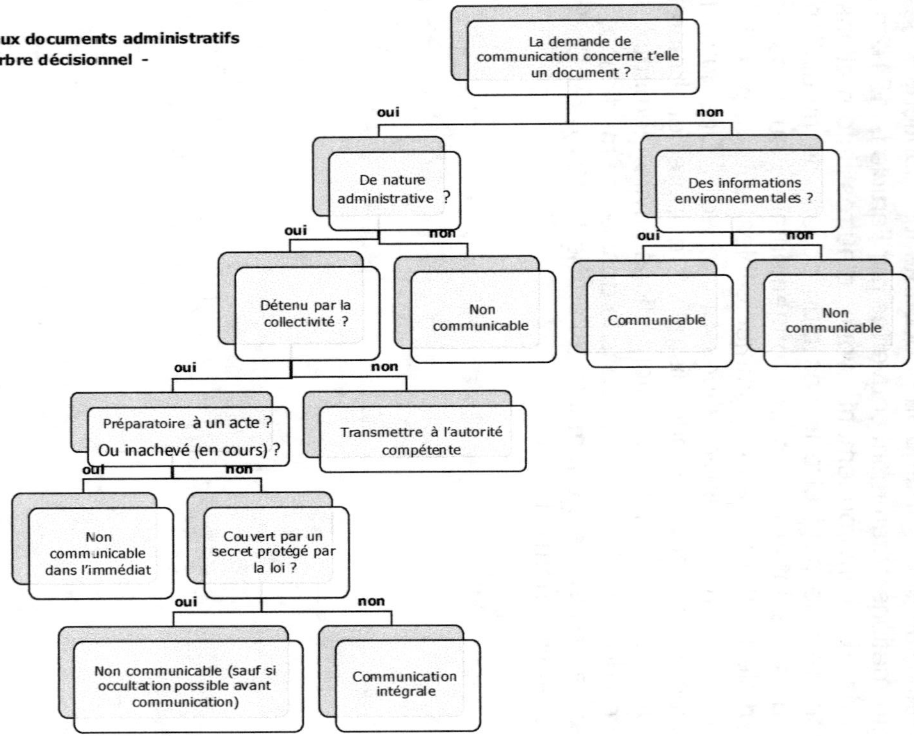

Au terme de cette première partie, la confidentialité s'exprime comme l'A.D.N. de la médiation. La confidentialité fait partie intégrante *du pacte de confiance* qui se noue dans le processus de médiation. Ce principe fondamental a bel et bien été *transplanté* en médiation administrative, sans ajustement. Consacrée en droit public, cette *greffe* se trouve alors « en dehors de son biotope[96]», pour reprendre l'expression de Gérard CORNU. Pour lui, lorsque des dispositifs alternatifs de droit commun sont utilisés en droit administratif, ils sortent de leur environnement naturel. De ce fait, la *transplantation* s'accompagne nécessairement d'une adaptation des règles applicables. Ces règles s'imposent de par l'essence des différends en cause et par la qualité des parties aux litiges. De même, pour Arnaud LYON-CAEN, ces particularismes se manifestent dans « les institutions, les procédures ou les pratiques » de la majorité des pays qui ont mis en place des M.A.R.D. en droit administratif[97].

Ainsi, une difficulté propre au droit public se profile : celle de l'articulation de la confidentialité avec des principes supérieurs inhérents à l'action publique et à son juge.

---

[96] Gérard CORNU, « Les modes alternatifs de règlement des conflits ». Rapport de synthèse, R.I.D.C. 1997, p. 320.

[97] Arnaud LYON-CAEN, « Les modes alternatifs de règlement des litiges en droit administratif », R.I.D.C. 1997, p. 421.

Partie 2 – Une confidentialité éprouvée en médiation administrative

L'adaptation de la confidentialité à la sphère publique se traduit par un aménagement du principe.
Comme le souligne Antoine CLAEYS, « on retrouve ici le problème plus général de la greffe du dispositif avant tout conçu pour aider au règlement de litiges de nature privée[98]».
La confidentialité est mise à l'épreuve des spécificités de la sphère publique (Chapitre 1). Par ailleurs, la publicité du résultat de la médiation pose question (Chapitre 2).

Chapitre 1 – Une confidentialité mise à l'épreuve par les spécificités de la sphère publique

Les spécificités du monde public se manifestent tant au niveau des juridictions administratives (Section 1), qu'au niveau du droit des collectivités territoriales (Section 2).

Section 1 – Des spécificités propres aux juridictions administratives

Fruit de la Révolution française, les juridictions administratives relèvent d'un ordre à part entière, distinct de l'ordre judiciaire. Ainsi, *l'expert-médiateur*, singularité du juge administratif, met à l'épreuve le principe de confidentialité (§1). Par ailleurs, la procédure d'homologation, même si elle existe devant le juge judiciaire, est particulière devant le juge administratif et conduit à une levée de la confidentialité (§2).

---

[98] Antoine CLAEYS, Anne-Laure GIRARD (dir.), *op. cit.*, note 26.

§ 1 – Une confidentialité mise à l'épreuve du contradictoire dans le cas particulier de l'expert – médiateur

Caractéristique propre à la médiation devant le juge administratif, l'article 23 du décret J.A.D.E.[99] confère à l'expert la possibilité d'exercer une mission de médiation alors qu'une telle faculté n'existe pas à l'heure actuelle pour les experts judiciaires. Usuellement, l'expert peut tout aussi bien prendre seul cette initiative, avec l'accord des parties. Cette singularité (A) conduit à manier avec prudence le principe de confidentialité et le respect du contradictoire (B).

A. Une spécificité de l'expert de justice administrative

L'expert-médiateur trouve son origine dans la jurisprudence (1) avant d'être expressément prévu par les textes (2).

1) Une pratique d'origine prétorienne

Par un arrêt du 11 février 2005[100], le Conseil d'État a opéré un revirement de sa jurisprudence en s'opposant aux articles 131-8[101] et 240[102] du C.P.C. Dans cet arrêt, la Haute juridiction affirme qu'à l'occasion d'une demande de

---

[99] Le décret n° 2016-1480 du 2 novembre 2016 portant modification du Code de justice administrative, dit « J.A.D.E. », pour « justice administrative de demain », J.O. du 4 novembre 2016.

[100] C.E., sect., 11 février 2005, n° 259290, *Organisme de gestion du cours du Sacré-Cœur*, lebon.

[101] L'article 131-8 du C.P.C. énonce : « Le médiateur ne dispose pas de pouvoirs d'instruction. Toutefois, il peut, avec l'accord des parties et pour les besoins de la médiation, entendre les tiers qui y consentent.
Le médiateur ne peut être commis, au cours de la même instance, pour effectuer une mesure d'instruction ».

[102] L'article 240 du C.P.C. dispose : « Le juge ne peut donner au technicien mission de concilier les parties ».

référé-expertise, le juge administratif peut ordonner à l'expert de concilier les parties.
Dès lors et contrairement au juge judiciaire, en matière administrative la juridiction peut, soit d'office, soit sur la demande des parties ou de l'une d'elles, ordonner, avant dire droit, qu'il soit procédé à une expertise sur les points déterminés par sa décision. L'expert peut se voir confier une mission de médiation ou en prendre également l'initiative, avec l'accord des parties.
Aussi, en cas de médiation conduite par un expert, les parties ont deux solutions, soit elles renoncent au principe protecteur de confidentialité, soit elles organisent les discussions dans le respect de la confidentialité[103]. Concrètement, si la mission de médiation confiée à l'expert ne connaît pas d'issue favorable, ni les déclarations, ni les constatations effectuées au cours du processus ne pourront être versées par l'expert dans le rapport, sauf à méconnaître le principe directeur de confidentialité de la médiation.
Cette jurisprudence *praeter legem* a ensuite été reprise par plusieurs textes.

---

[103] Jean-Marc ALBERT et Audrey SONNENBERG, « l'expert et médiation. Une nouveauté : l'expert médiateur ou initiateur de médiation », Rev. Experts n° 136, février 2018.

2) Une consécration législative

Jusqu'en 2010, l'article R.621-1 du C.J.A., était rédigé ainsi : « La juridiction peut, soit d'office, soit sur la demande des parties ou de l'une d'elles, ordonner, avant dire droit, qu'il soit procédé à une expertise sur les points déterminés par sa décision ». Une première étape est franchie avec le décret du 22 février 2010[104], qui vient compléter cette rédaction initiale en précisant que « la mission confiée à l'expert peut viser à concilier les parties ».
Ensuite, le décret J.A.D.E. du 2 novembre 2016[105] fait émerger la notion de médiation en lieu et place de celle de conciliation. Par la suite, le décret du 7 février 2019[106] est venu préciser les obligations de confidentialité pesant sur l'expert lorsqu'il est chargé d'une médiation. Ainsi, l'article R. 621-1 du C.J.A. dans sa rédaction actuellement en vigueur, dispose : « [...] Si une médiation est engagée, il en informe la juridiction. Sous réserve des exceptions prévues par l'article L. 213-2, l'expert remet son rapport d'expertise sans pouvoir faire état, sauf accord des parties, des constatations et déclarations ayant eu lieu durant la médiation ».
Ainsi, le législateur traite différemment l'expert de justice administrative et l'expert de justice judiciaire. Cette dissonance a conduit la doctrine à présenter le juge administratif comme jouant « sa propre partition[107] ». Force est de constater que les deux fonctions ont une finalité diamétralement opposée et obéissent à des logiques propres.
Si la règle en matière d'expertise est la transparence - puisque l'expert doit conduire ses opérations dans le

---

[104] Décret n° 2010-164 du 22 février 2010, codifié à l'article R. 321-1 C.J.A.
[105] Décret n° 1016-1480 du 2 novembre 2016, *op. cit.*, note 99.
[106] Décret n° 2019-82 du 7 février 2019 modifiant la partie réglementaire du C.J.A.
[107] Expression de Jean-Marc LE GARS, voir *infra* note 109.

respect du contradictoire -, la médiation repose pour sa part sur le secret. Ainsi, nous pouvons légitimement nous interroger sur la façon dont l'expert peut, au cours de la même affaire et en présence des mêmes personnes, concilier deux principes si opposés.

B. Confidentialité et respect du contradictoire : deux principes à manier avec prudence

1) L'apparent oxymore

Pour Jean-Marc LE GARS, « confier à la même personne une mission d'expertise organisée autour du respect du contradictoire et une mission de médiation basée sur la confidentialité, c'est en faire un Janus...aux pieds d'argile »[108]. Dans la même lignée, Jean-Marc ALBERT et Audrey SONNENBERG qualifient d'oxymore le terme *expert-médiateur*[109]. En effet, selon eux, « confier à un même expert la double mission de donner un avis technique et de conduire une médiation est une gageure ». Concrètement, comment identifier les pièces et les dires couverts par le secret en cas d'échec de la médiation en cours d'expertise ?
Selon Véronique MIROUSE, le nouveau statut de *l'expert-médiateur* soulève des interrogations vis-à-vis de la confidentialité mais aussi de la neutralité. Pour elle, le médiateur « peut décider de cumuler des fonctions de " sachant " (qui donne son avis) et de " médiateur " (qui doit être neutre et impartial)[110]». S'il ne s'agit pas de remettre en question le fait qu'un expert exerce des fonctions de

---

[108] Jean-Marc LE GARS « L'expert médiateur, un Janus aux pieds d'argile », A.J.D.A. n° 13/2017, 10 avril 2017 p.732.

[109] Jean-Marc ALBERT et Audrey SONNENBERG, *op. cit.*, note 104. Voir aussi Jean-Marc ALBERT et Audrey SONNENBERG, « Le nouvel expert de justice face à la conciliation et à la médiation », Inter-médiés mars 2018, n° 3, p.17.

[110] Véronique MIROUSE, « Spécificités et actualité de la médiation administrative », Intermédiés, avril 2019, n° 5, p.46.

médiateur, mais « qu'il puisse, en cours d'expertise juridictionnelle, changer de casquette et passer d'une fonction à l'autre », elle souligne que cette *double casquette* est contestée par les praticiens du droit. L'une des difficultés afférentes à cette fonction repose sur la faculté de concilier le principe du contradictoire de l'expertise et les règles de confidentialité de la médiation.
Saisi par le tribunal administratif de La Réunion, la Haute juridiction a rendu un avis le 14 novembre 2023[111] dans lequel elle apporte des éclaircissements sur l'application de la confidentialité de la médiation lorsqu'un expert se voit confier une mission de médiation.
Deux questions étaient soumises à son examen :
1°- À quelles conditions une pièce, des observations ou un élément d'analyse issus d'un processus de médiation peuvent-ils être considérés comme une constatation du médiateur ou des déclarations recueillies au cours de la médiation au sens et pour l'application de l'article L. 213-2 du code de justice administrative ?
2°- Dans l'hypothèse où il ne remplirait pas les conditions définies en réponse à la première question, un rapport d'expertise établi dans le cadre d'un processus de médiation et procédant à une analyse technique et factuelle des prétentions des parties peut-il être soumis au débat contradictoire et être régulièrement pris en compte par le juge du fond à titre d'élément d'information ?
À la première question, le C.E. considère que, sauf accord des parties et sous réserve des exceptions légales, doivent demeurer confidentielles en application de l'article L. 213-2 du C.J.A., uniquement les constatations du médiateur et déclarations des parties recueillies au cours de la médiation, i.e. « les actes, documents ou déclarations, émanant du médiateur ou des parties, qui comportent des

---

[111] C.E., avis, 14 novembre 2023, 7ème - 2ème chambres réunies, *Société Grands Travaux de l'Océan Indien et autres*, n° 475648 : Publié au Rec.

propositions, demandes ou prises de position formulées en vue de la résolution amiable du litige par la médiation ».
Il en résulte que de telles constatations du médiateur et déclarations des parties ne peuvent être divulguées à des tiers ni invoquées ou produites dans le cadre d'une procédure juridictionnelle.
À la deuxième question, la Haute juridiction considère, en revanche, que le principe de confidentialité posé à l'article L. 213-2 du C.J.A. ne couvre pas « d'autres documents, émanant notamment de tiers, alors même qu'ils auraient été établis ou produits dans le cadre de la médiation ». Le C.E. donne pour exemple « les documents procédant à des constatations factuelles ou à des analyses techniques établis par un tiers expert à la demande du médiateur ou à l'initiative des parties dans le cadre de la médiation », à condition que ces documents ne contiennent pas les « positions avancées par le médiateur ou les parties en vue de la résolution du litige dans le cadre de la médiation ». En effet, si cette condition n'est pas observée, le juge du fond ne peut fonder son appréciation sur de telles pièces.
Enfin, le C.E. précise que lorsque le juge administratif ordonne avant dire droit une expertise, où l'expert se voit confier une mission de médiation, les documents retraçant les propositions, demandes ou prises de position de l'expert ou des parties, formulés dans le cadre de la mission de médiation en vue de la résolution amiable du litige doivent rester confidentiels. Il incombe ainsi à l'expert de remettre à la juridiction un rapport d'expertise ne faisant état d'aucune constatation et déclaration ayant eu lieu durant la médiation, sauf bien entendu, accord des parties.

2) Une articulation des deux opérations nécessaires

Pour la doctrine et les praticiens, il semblerait préférable d'engager une médiation après le dépôt du rapport d'expertise, sous réserve que l'expert désigné pour cette mission ne soit pas celui qui a procédé aux opérations d'expertise. En effet, celui-ci ne serait pas forcément le mieux placé vis-à-vis de son devoir d'impartialité, eu égard à la partie dont les conclusions auront été écartées au stade de l'expertise[112].
Au-delà de cette première singularité procédurale propre aux médiations administratives devant le juge, il convient d'examiner une seconde spécificité ; celle de l'homologation.

§ 2 - Une confidentialité levée en cas d'homologation

L'homologation est ouverte à tous les accords issus de médiation, que celle-ci soit juridictionnelle ou conventionnelle. La confidentialité se trouve atténuée en cas de demande d'homologation (A). L'atteinte au principe est d'autant plus forte en cas de rejet d'homologation (B).

A. Une confidentialité contrecarrée en cas de demande d'homologation

Protocoles transactionnels et accords de médiation sont exécutoires de plein droit. Cette qualité ne doit toutefois pas être confondue avec la force exécutoire qui est l'apanage des décisions de justice. Tel est précisément l'objet de l'homologation (1). Cette procédure conduit

---

[112] Telle est la position par exemple de M. Thierry ARMILHON, expert et médiateur (voir annexe 1).

néanmoins à une certaine publicité de l'acte « parée de l'onction du juge[113]» (2).

1) L'objet de l'homologation : la force exécutoire

Dans sa rédaction antérieure à la loi *J21*, l'article 2052 du Code civil était rédigé de la manière suivante : « Les transactions ont, entre les parties, l'autorité de la chose jugée en dernier ressort ». Dans son avis du 6 décembre 2002, le Conseil d'État en a déduit que les protocoles transactionnels étaient « exécutoires de plein droit[114]». Cette caractéristique a été étendue aux accords de médiation, de manière prétorienne, par le juge administratif. Le tribunal administratif de Poitiers a aligné sur ce point le régime de l'accord de médiation sur celui du protocole transactionnel, en jugeant que « l'accord issu d'un processus de médiation est exécutoire de plein droit[115]». En l'absence de cette transposition, « la médiation aurait vraisemblablement fait figure de parent pauvre par rapport à la transaction[116]». En outre, « il aurait été paradoxal qu'un protocole transactionnel conclu entre les parties soit doté d'une efficacité supérieure à l'accord conclu à l'issue d'une médiation conduite par un tiers impartial ou un magistrat administratif[117]» en application des dispositions de l'article L. 213-5 du C.J.A.

Si le législateur accepte de confier aux personnes le soin de régler un conflit, il refuse « d'abandonner le pouvoir de contrainte : seule la justice, en tant que service public

---

[113] Yvon GOUTAL et Samuel DYENS, « Se préparer aux nouveaux dispositifs de médiation », La gazette des communes, 27 mars 2017, p. 57.

[114] C.E., Ass., 6 décembre 2002, *L'Haÿ-les-Roses*, req. N° 249153.

[115] T.A. Poitiers, 12 juillet 2018, n° 1701757, A.J.D.A. 2018. 2477 J.C.P. Adm. 2018. 2254, concl. Sébastien ELLIE.

[116] Laurent BONNARD, « L'homologation des transactions et des accords de médiation par le juge administratif », Contrats Publics, n° 194, janvier 2019, p. 62.

[117] *Ibid.*

régalien, dispose de cette prérogative[118]». Seul l'État, en vertu de son *imperium* et de son « monopole de la violence légitime[119]», peut rendre des décisions revêtues de la force exécutoire.

La loi *J21* confère expressément au juge le pouvoir d'homologuer les accords issus de médiation en insérant l'article L. 213-4 au sein du C.J.A., lequel dispose : « Saisie de conclusions en ce sens, la juridiction peut, dans tous les cas où un processus de médiation a été engagé en application du présent chapitre, homologuer et donner force exécutoire à l'accord issu de la médiation ». Quelques mois auparavant, le Tribunal administratif de Poitiers en avait jugé ainsi, en considérant que les accords nés d'une médiation peuvent faire l'objet d'une homologation même si ce contrat ne prend pas la forme d'une transaction[120].

Le *sceau étatique* - conférant la force exécutoire - permet à l'une des parties de recourir à la force publique à l'encontre de la partie récalcitrante, qu'elle soit privée ou publique. Par ce procédé, le juge devient en quelque sorte « le bras armé du M.A.R.L.[121]». Autrement dit, l'homologation donne à l'acte la force exécutoire d'une décision de justice. La force exécutoire se définit en effet comme ce « qui peut être mis en exécution, au besoin par la force, avec le concours de la force publique[122]».

En donnant force exécutoire à l'accord de médiation, l'homologation permet notamment de pallier la difficulté

---

118 Olivier le BOT « La sécurisation des M.A.R.L. par le juge administratif », in *Les modes alternatifs de règlement des litiges en droit administratif*, Collection Actes & colloques de la Faculté de Droit et de Sciences sociales de Poitiers, Presses universitaires juridiques de Poitiers, L.G.D.J., mai 2018 p. 93.

119 Max WEBER, *Le savant et le politique*, trad. C. Colliot-Thélène, La Découverte, 9 octobre 2003.

120 En ce sens, T.A., Poitiers, 12 juillet 2018, n° 1701757, cf supra ; T.A., Lyon, 27 mars 2019, n° 1704535.

121 Oliver le BOT, *op. cit.*, note 118.

122 G. CORNU, *op. cit.*, note 96.

d'un accord dont la mise en œuvre dépendrait d'une tierce personne.

2) La publicité induite par l'homologation

La publicité est inhérente à toute procédure d'homologation. Dans l'hypothèse où l'une des parties demande l'homologation de l'accord intervenu à la suite d'une médiation, elle transmet à cet effet le protocole d'accord afin que le tribunal ait connaissance de sa teneur. En outre, *in fine*, l'homologation se traduit par une décision de justice, rendue publique.

Il convient de souligner que cette limite au principe de confidentialité de la médiation est d'autant plus forte dans l'hypothèse d'une demande unique d'homologation.

Si en matière civile, le législateur opère une distinction entre la médiation conventionnelle et judiciaire[123], la rédaction des dispositions relatives à l'homologation diffère en médiation administrative. En effet, cette rédaction est unique, quelle qu'en soit la forme.

Pour Jean-Philippe LACHAUME[124], l'article L. 213-4 du C.J.A. précité est susceptible d'entrer en contradiction avec le principe de confidentialité tel que posé à l'article L. 213-2 du même code. En effet, le juge doit pouvoir homologuer l'accord issu d'une médiation à partir du moment où l'une des parties le demande. La lettre de

---

[123] En médiation civile conventionnelle, l'article 1534 du C.P.C. prévoit que la demande d'homologation de l'accord de médiation doit être présentée au juge par une requête de « l'ensemble des parties à la médiation » ou à défaut « de l'une d'elles » mais dans ce dernier cas » avec l'accord exprès des autres ». Autrement dit, toutes les parties doivent consentir à l'homologation judiciaire conventionnelle. En médiation judiciaire, en revanche, l'article 131-12 dispose : « À tout moment, les parties, ou la plus diligente d'entre elles, peuvent soumettre à l'homologation du juge le constat d'accord établi par le médiateur de justice. Le juge statue sur la requête qui lui est présentée sans débat, à moins qu'il n'estime nécessaire d'entendre les parties à l'audience ».

[124] Jean-Philippe LACHAUME, *op. cit.*, note 73.

l'article L. 213-4 ne précise pas que les conclusions doivent obligatoirement émaner de toutes les parties. Il parait donc possible que des conclusions déposées par une seule partie soient suffisantes pour que le juge accède à la demande d'homologation, rendant ainsi l'accord public. Une telle décision contreviendrait selon lui à la lettre de l'article L.213-4 C.J.A. lequel affirme que « la médiation est soumise au principe de confidentialité », « sauf accord contraire des parties » ; i.e. de toutes les parties.
Pour d'autres, comme Didier ARTUS, magistrat au sein de la Cour Administrative d'Appel de Bordeaux, il n'y aurait cependant pas de contradiction dans la mesure où le principe de confidentialité ne s'imposerait selon lui qu'au processus et non à l'accord en tant que tel. Il semble que cette question appelle à être tranchée par la jurisprudence. Par ailleurs, l'atteinte portée à la confidentialité s'avère particulièrement forte en cas de rejet d'homologation.

B. Une confidentialité entachée en cas d'échec d'homologation

Les conditions d'homologation par les juridictions administratives sont extrêmement précises (1). En cas de non homologation, le juge est contraint de trancher le litige (2).

1) L'homologation par le juge administratif : une procédure lourde devant respecter les canons du droit administratif

Si le juge civil se limite à entériner l'accord des parties, sans exercer de contrôle spécifique sur l'acte, le juge administratif procède, en revanche, à un contrôle plus étendu. En droit administratif, ce contrôle plus poussé s'explique par l'existence de règles plus nombreuses présentant le caractère d'ordre public[125]. De fait, le juge

---

[125] Oliver le BOT, *op. cit.*, note 118.

administratif ne se limite pas à entériner l'accord des parties telle « une chambre d'enregistrement[126]».
De même, pour le Vice-président Jean-Marc SAUVÉ, « Les limites à la liberté dont disposent les parties à un processus non juridictionnel de règlement des différends en matière administrative, sont nécessairement plus fortes que dans d'autres domaines. Par essence, l'administration se distingue en effet d'une partie privée par le fait qu'elle a pour mission de mettre en œuvre l'intérêt général et que son action engage les deniers publics. Il est donc essentiel qu'un juge puisse s'assurer du respect, par l'administration, des règles impératives du droit public [...][127]».
Concrètement, le juge administratif contrôle six éléments. En premier lieu, le juge s'assure que les parties ont librement donné leur consentement. S'agissant des collectivités territoriales, il vérifie l'existence d'une autorisation de l'organe délibérant lorsque celle-ci s'impose. En deuxième lieu, conformément aux dispositions de l'article L. 213-1 du C.J.A., le juge doit s'assurer que l'accord mette fin au litige. En troisième lieu, le juge contrôle le respect des dispositions de l'article L. 213-3 du même code, lequel prévoit que : « l'accord auquel parviennent les parties ne peut porter atteinte à des droits dont elles n'ont pas la libre disposition ». Il pourrait s'agir, par exemple, d'atteinte aux droits des tiers ou de l'impossibilité pour la personne publique de renoncer à l'exercice de son pouvoir réglementaire ou encore de contracter en matière de droit électoral ou de domanialité publique. En quatrième lieu, l'accord devra être licite. À titre d'exemple, un accord de médiation ne peut avoir pour effet de modifier un acte réglementaire[128]. En cinquième lieu,

---

126 Laurent BONNARD, *op. cit.*, note 116.
127 Jean-Marc SAUVÉ, discours d'ouverture du colloque sur la médiation de 2011.
128 C.E., 9 juillet 2015, n° 375542, *Football Club des Girondins de Bordeaux.*

l'accord ne doit pas conduire la personne publique à consentir des libéralités[129]. En sixième et dernier lieu, le juge contrôle que l'accord ne méconnaisse pas de règles d'ordre public.
Qui plus est, lorsque l'accord né d'une médiation est une transaction, le contrôle du juge en charge de l'homologation comporte une étape complémentaire : le contrôle de l'existence de concessions réciproques et équilibrées[130], en application des dispositions de l'article L. 423-2 du C.J.A.

2) Les conséquences du refus d'homologation : l'obligation du juge de trancher le litige

En cas de méconnaissance d'une règle d'ordre public ou d'une altération du consentement, non seulement le juge refuse d'homologuer l'accord mais il constate également sa nullité.
Dès lors, si le tribunal refuse d'homologuer l'accord, il doit se prononcer sur le fond du litige[131]. Dans ce cas, la procédure contentieuse se poursuit et le tribunal doit statuer sur la requête. Une telle situation aurait pu se produire dans l'affaire jugée par le T.A. de Poitiers le 12 juillet 2018, si le juge avait suivi le sens des conclusions du rapporteur public. Il est par ailleurs intéressant d'observer que le juge ne peut se livrer à une homologation partielle, en modifiant par lui-même les points qui ne conviendraient pas juridiquement.
De même, si la règle de la publicité des débats et de la décision de justice réapparait dans toute procédure d'homologation, son refus conduit à la reprise d'une instance juridictionnelle classique, donnant encore plus d'ampleur à la publicité des débats puisqu'ils seront

---

[129] Voir *infra*.
[130] Voir *infra*.
[131] T.A., Poitiers, 12 juillet 2018, 3ème considérant. *Op. cit.*, note 120 et C.E., ass., 11 juillet 2008, n° 287354, *Société Krupp Hazemag.*

nécessairement plus conséquents qu'en cas de *simple* homologation.

Après avoir étudié les singularités propres à la juridiction administrative, il importe d'observer les spécificités inhérentes au milieu des collectivités territoriales et du domaine particulier de l'urbanisme.

Section 2 – Des spécificités inhérentes aux collectivités territoriales et aux enjeux publics

Le droit des collectivités territoriales et le droit de l'urbanisme présentent deux originalités ayant un impact sur le principe de confidentialité. La première réside dans la transmission de l'accord de médiation à des tiers dits *privilégiés* (§1). La seconde tient à l'enregistrement auprès de l'administration fiscale de certains accords en matière d'urbanisme (§2). Aussi, la médiation dans le domaine de l'environnement présente des particularités (§3).

§1 - L'indispensable transmission de l'accord à des tiers privilégiés

Acteurs quasi incontournables[132], le Trésor public intervient dans le cadre de l'exécution comptable de l'accord (A) et la Préfecture pour l'entrée en vigueur de celui-ci (B).

[132] Les compagnies d'assurance et la chambre régionale des comptes, sont également des tiers privilégiés mais leur intervention est beaucoup plus anecdotique.

A. Le Trésor public

En application du principe de séparation de l'ordonnateur et du comptable, le Trésor public intervient dès lors que l'accord issu de la médiation comporte une exécution comptable (1). Cette exécution nécessite la communication de l'accord de médiation (2).

1) L'exécution comptable de l'accord

L'interdiction de consentir des libéralités ne conduit pas pour autant à interdire tout versement pécuniaire. Dès lors que l'accord de médiation comporte une clause par laquelle la collectivité territoriale s'engage à payer une somme d'argent, l'exécution de l'accord passe nécessairement par le comptable public.

En outre, et comme le relève Alain CITRON, administrateur général au sein de la direction départementale des finances publiques de l'Hérault, le comptable public est placé dans une situation particulière. « Il est à la fois, de par la loi, chargé du contrôle des différentes opérations de dépenses et de recettes qu'il est appelé à exécuter, et doit répondre au titre de sa responsabilité personnelle et pécuniaire des contrôles en question ». Par conséquent, pour lui « la mise en cause de sa responsabilité n'est pas une chose virtuelle[133]». Selon Clarisse MOYNIER, magistrat au Tribunal administratif de Montpellier, ce risque amène, en pratique, de plus en plus de collectivités à proposer au trésorier de participer aux dernières étapes de la médiation.

Dans une telle hypothèse, la doctrine[134] et les praticiens du droit sont amenés à s'interroger sur les éléments qui seront demandés par le Trésor public. Est-ce que la délibération portant approbation de l'accord sera suffisante ou bien le

---

[133] T.A. de Montpellier - Actes du forum de la médiation – Faculté de droit de Montpellier – École de Formation des Avocats Centre Sud, p. 5.
[134] En ce sens Jean-Philippe LACHAUME, *op. cit.*, note 73.

comptable exigera-t-il la communication de l'accord en lui-même ?

2) L'accord comme pièce justificative de la dépense

L'accord de médiation est une pièce justificative de la dépense. Lorsque cet accord est communiqué par l'ordonnateur en vue d'un mandatement, le comptable se doit de contrôler sa régularité. Le Trésor public n'a toutefois pas à vérifier la validité de l'accord, telle que la réalité et l'équilibre des concessions réciproques en cas de transaction[135]. Le comptable public ne peut pas non plus exiger l'homologation de l'accord pour mettre en paiement. Le juge administratif rappelle à cet égard que « l'accord issu d'un processus de médiation est exécutoire de plein droit, sans qu'y fassent obstacle, en particulier, les règles de la comptabilité publique[136]».
S'agissant des transactions, une circulaire du 6 avril 2011[137] précise les limites du contrôle du comptable public. Le protocole d'accord, signé et transmis au contrôle de légalité, doit être communiqué à la trésorerie comme justificatif de paiement. Par la suite, un arrêt du Conseil d'État du 8 février 2012[138] est venu définir les obligations du comptable public quant au paiement des sommes dues à la suite d'un accord transactionnel et quant à la nature de leur contrôle. En tout état de cause, il convient de garder à l'esprit qu'à l'appui du protocole, la collectivité doit également transmettre la délibération habilitant la signature du contrat.
Dès lors, la transmission de l'accord emporte communication de l'information d'une médiation à un tiers, ce qui tend implacablement à élargir le cercle de

---

[135] C.E., 5 février 1971, *Balme*, Rec, p. 105.
[136] T.A., Poitiers, 12 juillet 2018 notamment. *Op cit.*, note 120.
[137] Circulaire du 6 avril 2011 relative au développement du recours à la transaction pour régler amiablement les conflits.
[138] C.E., n° 340698, du 8 février 2012, *Ministre du budget, des comptes publics et de la réforme de l'*État.

confidentialité. Tel est également le cas avec les services de la Préfecture.

B. La Préfecture

La délibération de l'assemblée délibérante approuvant l'accord de médiation et autorisant sa signature doit être transmise au Préfet pour entrer en vigueur (1). Les services de l'État pourront examiner la légalité de la délibération par rapport au principe d'interdiction des libéralités et l'existence de contrepartie si l'accord relève d'un protocole transactionnel (2).

1) L'exercice du contrôle de légalité

Aux termes de l'article L. 2131-1 du C.G.C.T. : « Les actes pris par les autorités communales sont exécutoires de plein droit dès qu'ils ont été portés à la connaissance des intéressés dans les conditions prévues au présent article et, pour les actes mentionnés à l'article L. 2131-2, qu'il a été procédé à la transmission au représentant de l'État dans le département ou à son délégué dans l'arrondissement prévue par cet article. [...] ».

Dit autrement, en plus de leur publicité, les actes des collectivités territoriales doivent, par principe, être transmis au représentant de l'État dans le département pour devenir exécutoires.

Par l'exercice du contrôle de légalité, le Préfet est chargé de vérifier la conformité des actes pris par les collectivités territoriales et les E.P.C.I. avec les dispositions législatives et réglementaires en vigueur. Ainsi, la transmission au service de l'État pour l'exercice du contrôle de légalité de la délibération, voire de l'accord de médiation, peut donner lieu à un déféré préfectoral devant le tribunal administratif, dans les deux mois suivant sa transmission. Il s'agit d'un risque de blocage de l'exécution de l'accord.

2) Le contrôle de l'existence de contreparties des protocoles transactionnels et du principe d'interdiction des libéralités

Les collectivités territoriales, en tant que personne morale de droit public, ne peuvent jamais être amenées à payer une somme d'argent qu'elles ne doivent pas, en vertu d'une jurisprudence relativement ancienne du Conseil d'État, *Sieur Mergui*[139].
En substance, l'interdiction de consentir une libéralité est une règle d'ordre public[140], qui se traduit par le fait qu'une collectivité ne peut pas s'engager ou être condamnée à verser une somme qu'elle ne doit pas. Dans les faits, il n'y aura libéralité que lorsque les concessions consenties par l'administration seront manifestement disproportionnées par rapport à celles de son cocontractant.
S'agissant des protocoles transactionnels, le Préfet s'attachera à contrôler l'existence effective de concessions réciproques, caractéristiques de la transaction.
En effet, une médiation peut donner lieu à la conclusion d'une transaction au sens de l'article L. 423-1 du C.R.P.A., lequel dispose : « Ainsi que le prévoit l'article 2044 du Code civil et sous réserve qu'elle porte sur un objet licite et contienne des concessions réciproques et équilibrées, il peut être recouru à une transaction pour terminer une contestation née ou prévenir une contestation à naître avec l'administration. La transaction est formalisée par un contrat écrit ».
Par ailleurs, les accords de médiation intervenus en matière d'urbanisme sont soumis à une formalité supplémentaire : celle de l'enregistrement auprès des services des impôts.

---

139 C.E., n° 79962, 19 mars 1971, *Sieur Mergui*,

140 Pour un exemple, C.E., 10ème / 9ème S.S.R., n° 375632, 7 mars 2016.

§ 2 - L'enregistrement à l'administration fiscale des accords concernant les autorisations d'urbanisme

Aux côtés des litiges de fonction publique et de marchés publics, l'urbanisme fait partie du trio de tête des domaines particulièrement propices aux médiations administratives[141]. Aussi, il convient de s'intéresser à la portée de l'enregistrement à l'administration fiscale qui s'impose aux accords de médiation en ce domaine (A) et à la mise en œuvre de cette procédure (B).

A. La portée de l'obligation

Le champ d'application de l'enregistrement est restreint à certaines autorisations d'urbanisme (1). En outre, en l'état du droit positif, il apparait prudent de considérer que les transactions, au sens large, sont concernées par cette obligation (2).

1) Un champ d'application restreint à certains permis

Depuis une ordonnance du 18 juillet 2013, codifiée à l'article L. 600-8 du Code de l'urbanisme, les transactions d'urbanisme extinctives d'instance doivent être enregistrées auprès de l'administration fiscale. Aux termes de l'alinéa premier de cet article : « Toute transaction par laquelle une personne ayant demandé ou ayant l'intention de demander au juge administratif l'annulation d'un permis de construire, de démolir ou d'aménager s'engage à se désister de ce recours ou à ne pas introduire de recours en contrepartie du versement d'une somme d'argent ou de l'octroi d'un avantage en nature doit être enregistrée conformément à l'article 635 du code général des impôts ». S'agissant de l'article 635 du Code général des impôts, celui-ci prévoit que « doivent être enregistrés dans le délai d'un mois à compter de leur date :

---

[141] Bilan d'activité 2019 du Conseil d'État, p.17.

1. Sous réserve des dispositions des articles 637 et 647 :
[...]
9° La transaction prévoyant, en contrepartie du versement d'une somme d'argent ou de l'octroi d'un avantage en nature, le désistement du recours pour excès de pouvoir formé contre un permis de construire, de démolir ou d'aménager. [...] ».
Il résulte d'une lecture combinée de ces dispositions, du Code de l'urbanisme, d'une part, et du Code général des impôts, d'autre part, que l'enregistrement concerne un champ précis et limité d'accord : ceux touchant à un permis de construire, de démolir ou d'aménager. Dans les faits, cette formalité demande à être accomplie dans la plupart des médiations administratives ayant trait à l'urbanisme réglementaire.

2) Une disposition applicable aux transactions au sens large

Contrairement à la lettre des articles L. 600-8 du Code de l'urbanisme et 635 du Code général des impôts précités visant expressément les transactions extinctives d'instance, l'enregistrement ne s'avère pas, *a priori,* réservé au protocole transactionnel *stricto sensu.*
En effet, dans le silence des textes en matière d'accord de médiation et en l'absence de jurisprudence sur ce point, il se révèle prudent de soumettre les accords issus de médiation, *sui generis,* à ces dispositions.
En tout état de cause, l'esprit de la réglementation paraît pencher en faveur d'une lecture élargie dans l'attente d'une clarification par le législateur ou la jurisprudence.
Après avoir étudié la portée de l'enregistrement auprès des services des impôts, il convient d'observer la mise en œuvre de cette formalité.

B. Mise en œuvre

Par précaution, il est recommandé que l'enregistrement fasse l'objet d'une clause dédiée dans l'accord (1). Le défaut d'accomplissement de cette formalité est sanctionné par le mécanisme de la répétition (2).

1) L'insertion d'une clause idoine dans les accords…

En application des dispositions de l'article L. 600-8 al. 2 du Code de l'urbanisme, l'enregistrement doit être réalisé dans le délai d'un mois. Le délai imparti pour accomplir cette formalité qu'est l'enregistrement étant très bref, il semble judicieux de prévoir une clause spécifique dans l'accord.
Une telle disposition peut également être insérée au sein de l'article dédié aux engagements des parties ou encore être rattachée à une condition suspensive.
Dans tous les cas, il s'agira de désigner expressément la partie qui aura la charge d'accomplir l'obligation et qui en supportera le coût. De même, en toute rigueur, la clause rappellera le délai imparti pour s'acquitter de la formalité ainsi que les modalités de justification de l'accomplissement de l'enregistrement à l'autre partie.

Exemple de clause relative à l'enregistrement :

Article XX : Stipulations conclusives relatives aux conséquences du présent accord de médiation

Dès sa signature, le présent accord de médiation sera exécutoire de plein droit.

Conformément aux dispositions de l'article L. 600-8 du code de l'urbanisme, avant l'expiration d'un délai d'un mois à compter de la signature du présent accord de médiation, ce dernier fera l'objet d'un enregistrement, conformément aux dispositions de l'article 635 du code général des impôts, à l'initiative du conseil des requérants, ce dont il sera justifié le même jour au conseil du promoteur et de la commune.

A défaut d'enregistrement, les signataires sont informés que la contrepartie prévue par le présent accord serait réputée sans cause et les sommes versées ou celle qui correspondant au coût des avantages consentis seraient alors sujettes à répétition. L'action en répétition se prescrit par cinq ans à compter du dernier versement ou de l'obtention de l'avantage en nature.

Le coût de l'enregistrement sera pris en charge par les requérants.

2) Un manquement sanctionné par la répétition.

Il résulte des dispositions de l'article L. 600-8 al. 2 du Code de l'urbanisme : « La contrepartie prévue par une transaction non enregistrée [...] est réputée sans cause et les sommes versées ou celles qui correspondent au coût des avantages consentis sont sujettes à répétition. L'action en répétition se prescrit par cinq ans à compter du dernier versement ou de l'obtention de l'avantage en nature ».
Autrement posé, en cas de méconnaissance de la formalité d'enregistrement, les sommes versées doivent être remboursées en application du mécanisme de *répétition de l'indu*, prévu aux articles 1302 et suivants du Code civil.

§3 – Une confidentialité questionnée en médiation environnementale

Compte tenu de la part grandissante des problématiques environnementales à l'échelle des territoires, la médiation administrative trouve également à s'appliquer dans le domaine de l'environnement.
Dans la mesure où la médiation environnementale peut être considérée comme une déclinaison de la médiation administrative (A), il est intéressant d'examiner la manifestation du principe de confidentialité en médiation environnementale (B).

A. La médiation environnementale comme déclinaison de la médiation administrative

S'il est possible de poser des éléments de définition (1), la médiation environnementale souffre néanmoins d'une absence de statut (2).

1) Eléments de définition

La médiation environnementale peut être considérée comme une déclinaison de la médiation administrative dès lors qu'une personne publique est partie prenante au processus, aux côtés de pétitionnaires, d'entreprises, d'associations, de propriétaires fonciers, de représentants professionnels, etc.
Née aux Etats-Unis dans les années 1970, avec les premières catastrophes écologiques, la médiation environnementale est très développée en Amérique du Nord. Elle est par exemple imposée par le Bureau des Audiences Publiques pour l'Environnement (B.A.P.E) au Canada, comme préalable aux débats publics. Bien qu'elle ne bénéficie d'aucun statut, elle se développe en France depuis peu et tend à croître.
La médiation environnementale peut intervenir soit *a posteriori*, pour gérer un conflit ouvert, soit *a priori* pour construire des projets concertés en matière de gestion, de

valorisation, d'appropriation ou de protection de ressources naturelles, de paysages, d'espèces ou encore de milieux…

Juridictionnelle ou conventionnelle, la médiation environnementale concerne des vivants, humains ou non humains, des acteurs faibles – la médiation environnementale révélant encore plus qu'en médiation administrative « classique », une asymétrie des forces en présence - et des sans-voix[142], voire des absents.

2) Une absence de statut malgré de réelles spécificités

En France, la médiation environnementale ne bénéficie d'aucun statut. Pour Jacques FAGET, elle ne relève d'aucune pratique normée. Elle est parfois hybride : associée au dialogue territorial, aux dispositifs de concertation ou encore de participation publique. Jacques FAGET définit la médiation environnementale comme « un processus visant à instaurer un dialogue entre des institutions, des groupes d'intérêts ou des individus concernés par des problèmes environnementaux […] et/ou à rechercher des accords satisfaisants pour tous. Elle s'opère grâce à l'intervention d'un tiers extérieur, le médiateur, qui ne prend pas position sur le fond et ne tente pas d'influencer le résultat, dont la seule fonction est de faciliter les conditions d'un échange constructif[143]».

Pour Nicolas LE MÉHAUTÉ, ce type de médiation présente « une configuration complexe et à géométrie variable[144] ».

---

[142] Nicolas LE MÉHAUTÉ, *médiations environnementales pour construire un monde commun,* Éditions Érès, collection trajets, 2022, p. 230.

[143] Jacques FAGET, *Médiations : les ateliers silencieux de la démocratie.* Édition Érès 2015. p. 226.

[144] Nicolas LE MÉHAUTÉ, *médiations environnementales pour construire un monde commun,* Editions Erès, collection trajets, 2022. p.31.

La médiation environnementale se caractérise par la nature publique des enjeux. Elle concerne en effet des questions d'intérêt général, notamment de santé publique, ce qui fait dire à Jacques FAGET que le principe de neutralité du médiateur est mis à mal car, en présence d'enjeux publics, le médiateur ne peut être totalement indifférent à la solution[145]. Selon lui, l'objectif final n'est pas tant de trouver une solution technique que d'arriver à une solution socialement acceptable.
Cependant, la médiation environnementale se caractérise surtout pour Jacques BÉNARD[146] par une multiplicité des acteurs et par le fait que les médiés physiquement présents ne sont que des groupes restreints, choisis en fonction de leur représentativité et de leurs intérêts. En effet, les parties prenantes sont des porteurs d'intérêts, au sens anglophone de *stakeholder*. Or, le groupe restreint ne peut être coupé du monde extérieur auquel il appartient ce qui nous amène sur le terrain de la confidentialité.

B. La manifestation du principe de confidentialité en médiation environnementale

L'une des particularités de la médiation administrative tient au fait que le cercle de confidentialité se trouve naturellement étendu au-delà des participants *stricto sensu* à la médiation (1). La confidentialité se trouve parfois même levée au profit d'une transparence de gestion des enjeux publics (2).

---

[145] *Ibid.*, p. 122.

[146] Jacques BÉNARD, ingénieur civil, médiateur indépendant, chargé de cours à l'Université de Sherbrooke et à l'Université de Montréal (voir annexe 1).

1) Un cercle de confidentialité élargi au-delà des parties prenantes à la table de la médiation

Dans la ligné des propos de Jacques BÉNARD, pour Nicolas LE MÉHAUTÉ, le cercle de confidentialité ne peut se limiter aux parties prenantes physiquement à la table de la médiation. En reprenant les observations de Lawrence SUSSKIND, Yann DUZERT et de Alain PEKAR LEMPEREUR, Nicolas LE MÉHAUTÉ souligne l'utilité « de conduire le processus de façon à ce que les représentants soient pleinement responsables du contact régulier avec leur base, mais qu'ils soient, en même temps, responsables en leur nom propre de la signature de l'accord final et du respect de ses termes[147] ».

2) Une confidentialité levée au profit de la transparence de gestion des enjeux publics

Aussi, la confidentialité du processus apparait contraire aux valeurs de transparence démocratique[148]. Selon Lawrence SUSSKIND les lanceurs d'alerte des défenseurs de l'environnement ont un rôle à jouer et ce dernier plaide pour la transparence du processus de médiation vis-à-vis du grand public. L'association des médias au processus n'est pas interdite à condition d'être utilisée avec discernement[149].

Dès lors, la confidentialité peut être totalement levée par une couverture médiatique forte comme par exemple pour celle conduite sur le territoire de la communauté d'agglomération de La Rochelle en 2022. Cette médiation de projet avait pour objet de faciliter le dialogue entre riverains et agriculteurs sur les pratiques agricoles en campagne Rochelaise auprès des parties prenantes :

---

[147] *Op. cit., note 144, p. 164.*

[148] *Ibid.*, p. 166.

[149] P. BARRET, P.-Y. GUIHÉNEUF, 2012 Guide pratique du dialogue territorial. Concertation et médiation pour l'environnement et le développement local, La Tour-d'Aigues, Editions de l'Aube, p 89.

riverains, agriculteurs, membres de l'Association Avenir Santé Environnement, élus de communes de l'agglomération. Cette médiation était organisée par la Communauté d'Agglomération de La Rochelle, la Chambre d'agriculture de Charente Maritime Deux-Sèvres et La Maison De La Communication.
Enfin, il est parfois nécessaire de lever la confidentialité par l'enregistrement des débats notamment, afin d'éviter que des parties prenantes peu scrupuleuses choisissent d'entrer en médiation par stratégie, dans l'unique but de faire échapper à la publicité des débats certains faits ou informations[150].
Toutefois, il convient de garder à l'esprit que la publicité des échanges peut conduire à « la rétention d'information, à la polarisation de la position des protagonistes dans un jeu de postures à l'adresse de leurs groupes de rattachement, et à inciter les participants à refuser des accommodements par crainte de se déjuger aux yeux de l'opinion publique[151]». En effet, sans la garantie de la confidentialité, les parties prenantes peuvent être peu enclines ou hésitantes à faire des concessions qui viendraient, aux yeux des tiers, en contradiction avec la position qu'elles ont précédemment tenues[152].

En définitive, la notion de confidentialité en médiation environnementale met en balance d'une part la protection des confidences et d'autre part le droit de savoir du public[153]. A cet égard, il est important de rappeler l'article 7 de la Charte de l'environnement aux termes duquel : « Toute personne a le droit, dans les conditions et les

---

[150] Karen L. LIEPMANN, *Confidentiality in Environmental Mediation : Should Third Parties Have Acces to the Process*, 14 B. C. ENVTL. AFF. L. REV. 93 (1986)
[151] *Op. cit.*, note 145, p.166.
[152] Eric R. MAX, *Confidentiality in Environmental Mediation*, 2 N.Y.U. Envtl. L.J. 210 (1993).
[153] *Op cit.*, note 150.

limites définies par la loi, d'accéder aux informations relatives à l'environnement détenues par les autorités publiques et de participer à l'élaboration des décisions publiques ayant une incidence sur l'environnement ».
Ainsi, en médiation environnementale conventionnelle, il peut être particulièrement judicieux d'adapter le niveau de confidentialité sur le contenu ou les destinataires des comptes rendus, en fonction du degré de conflictualité de la situation.

Au stade de la finalisation de l'accord, le principe de confidentialité nécessite un aménagement en droit administratif. L'accord doit en effet être transmis au Préfet, au comptable public, voire à l'administration fiscale. Il appartient donc aux parties prenantes de prévoir un élargissement du cercle de confidentialité à leur profit. Pour autant, aucun compte rendu de la médiation n'aura été remis à ces tiers *privilégiés*. En médiation environnementale conventionnelle, le prescripteur et les parties prenantes apprécient nécessairement l'opportunité du maintien de la confidentialité ou de son aménagement.
La question de la publicité du résultat de la médiation administrative mérite maintenant d'être examinée.

Chapitre 2 – La question de la publicité du résultat de la médiation

Il s'agit désormais de savoir si la confidentialité des opérations de médiation se répercute sur la confidentialité du résultat de la médiation. Pour le dire autrement, la confidentialité des échanges emporte-t-elle confidentialité de l'accord de médiation ? Si la réponse est incontestablement négative, un doute persiste sur l'étendue de la publicité. Aussi, la levée de la confidentialité au stade de la conclusion de l'accord se révèle comme un critère de *médiabilité*[154] (section 1). En outre, une dissociation du principe de confidentialité entre les opérations et le résultat de la médiation s'avère nécessaire pour la prévention des situations de conflits d'intérêts des élus locaux (section 2).

Section 1 – La levée de la confidentialité comme critère de *médiabilité*

La décision prise à l'issue de la médiation peut se matérialiser par un accord, mais également par un retrait d'un acte existant ou la prise d'un nouvel acte administratif. Il convient donc d'examiner la publicité induite par l'entrée en vigueur des actes administratifs (§1). Curieusement, la levée de la confidentialité semble particulièrement importante s'agissant des protocoles transactionnels puisque le juge administratif a reconnu leur caractère communicable (§2).

---

[154] Le terme médiabilité est synonyme d'éligibilité à la médiation. Dans le présent mémoire, le terme médiabilité est employé dans son acceptation large : ce qui « se prête à la médiation en vertu de ses critères propres, ce pour qui, pour quoi, et pour quand son processus est adéquat ou approprié ou ne l'est pas » selon la définition donnée par Jean A. MIRIMANOFF, *op. cit.*, note 5, V° Médiabilité.

§ 1 - Une entrée en vigueur des actes administratifs subordonnée à publicité

La publicité des actes administratifs obéit à une dualité de régime selon la portée de l'acte : réglementaire ou individuel (A). Il apparait par ailleurs particulièrement important de s'attarder sur les modalités précises de l'entrée en vigueur des accords de médiation (B).

A. La dualité du régime de publicité des actes administratifs

La publicité des actes administratifs répond à une dichotomie opposant les actes individuels (1) aux actes réglementaires (2).

1) La notification des actes individuels

Les actes individuels sont des actes non réglementaires qui concernent une, ou plusieurs personnes, nommément désignées.
La notification permet de faire savoir au destinataire d'un acte qu'une décision administrative a été prise le concernant. Concrètement, la notification se matérialise par la remise à la, ou aux personnes concernées, d'une ampliation de l'acte, c'est-à-dire d'un double revêtu d'une signature originale. Cette notification est le plus souvent effectuée par lettre recommandée avec accusé de réception ou remise en mains propres par un agent de la collectivité. En application des dispositions du 1er alinéa de l'article L. 2131-1 du C.G.C.T., la notification, tout comme la transmission en Préfecture pour l'exercice du contrôle de légalité des actes mentionnés à l'article L. 2131-2, conditionnent l'entrée en vigueur de l'acte.

2) La publicité des actes réglementaires

Les actes réglementaires, comme la plupart des délibérations prises par les organes délibérants des collectivités territoriales, ont une portée générale et

impersonnelle. Ces actes ne s'adressent pas à des personnes nommément désignées.
La publicité de l'acte réglementaire subordonne son entrée en vigueur, comme le rappellent les dispositions de l'article L. 221-2 du C.R.P.A.
La publicité des actes réglementaires se réalise soit par affichage, soit par publication papier, soit par publication sous forme électronique depuis la réforme des règles de publicité, d'entrée en vigueur et de conservation des actes pris par les collectivités territoriales et leurs groupements[155], entrée en vigueur au 1er juillet 2022. S'agissant de l'affichage, celui-ci consiste à apposer sur un espace dédié de la collectivité, le texte complet de l'acte. Les modalités précises de cet affichage, à savoir : le lieu, le délai ou encore la durée, ne sont ni prévues par la loi, ni le règlement, sauf dans des cas très particuliers. En pratique, l'affichage des actes a lieu à la porte de la mairie pour les communes ou sur des panneaux d'affichage placés à l'extérieur, de façon à faciliter l'accès à l'information à toute heure pour les administrés. Pour les autres collectivités, l'affichage a lieu à l'hôtel du département, de la région ou de l'E.P.C.I.
D'un autre côté, la publication sous forme électronique correspond à une dématérialisation du mode de publicité. Cette forme de publication est aujourd'hui le mode de publicité de droit commun des actes règlementaires. Elle est assurée par une mise en ligne sur le site internet de la collectivité ou un versement sur un portail d'ouverture des données (*open data*). Par conséquent, si la médiation conclut à la prise d'un acte réglementaire, celui-ci fera nécessairement l'objet d'une mesure de publicité large pour entrer en vigueur.
Mais qu'en est-il précisément des accords de médiation ?

---

[155] Ordonnance n° 2021-1310 du 7 octobre 2021 et décret d'application n° 2021-1311 du 7 octobre 2021.

B. La signature des accords de médiation subordonnée à l'approbation par l'assemblée délibérante

Avant d'être signé, l'accord issu de la médiation doit être préalablement approuvé par l'assemblée délibérante. Or, afin de voter de manière éclairée, les élus doivent être informés en amont des éléments essentiels de l'accord, comme pour tout contrat administratif. Cette information nécessite inéluctablement un aménagement du principe de confidentialité (1) et soulève la question de l'annexion de l'accord au projet de délibération (2).

1) La nécessaire conciliation du droit d'information des élus à la confidentialité du processus

Le « gouvernement communal, ce germe fécond des institutions libres[156]» repose principalement sur son assemblée délibérante. Cette reconnaissance se traduit notamment dans l'article L. 2121-13 du C.G.C.T. aux termes duquel : « Tout membre du conseil municipal a le droit, dans le cadre de sa fonction, d'être informé des affaires de la commune qui font l'objet d'une délibération ». L'organe délibérant n'étant pas une chambre d'enregistrement, il doit être informé des éléments essentiels de l'accord envisagé avant de voter. Au vu de l'examen du projet de délibération qui lui est soumis, il peut ne pas approuver un accord de médiation, risquant ainsi d'empêcher l'aboutissement du processus. Afin d'éviter cette situation, l'administration gagnera « à associer l'assemblée délibérante dès le début du processus en l'informant, sur le processus en lui-même, l'objectif qu'il poursuit et ce qu'il implique[157]». Cette information permettra d'identifier les éventuelles oppositions et limites

---

[156] Alexis de Tocqueville.

[157] Charlotte WAILLY, « Faciliter la médiation en droit public », Mémoire D.U. IFOMENE, Paris, 2016. p. 28.

au-delà desquelles un veto peut être opposé. Dès le stade de l'entrée en médiation, cette information permet de favoriser l'aboutissement du processus. En tout état de cause, cette initiative s'inscrit dans une démarche de transparence de l'action administrative.

2) La question de l'annexion de l'accord au projet de délibération

Au titre du droit à l'information des élus, les édiles pourraient légitimement demander, à l'occasion du projet de délibération portant approbation de l'accord de médiation, que soit porté à leur connaissance, l'accord de médiation en lui-même. Pour préserver au mieux le principe de confidentialité, il parait judicieux d'informer les élus par l'intermédiaire de la note explicative de synthèse, qui s'impose dans les communes de 3 500 habitants, plutôt qu'en annexant ledit accord.
En effet, il convient de remarquer que si l'accord de médiation est annexé au projet de délibération, celui-ci obéira à la même publicité que celle attachée à la délibération. En d'autres termes, dans le cadre de la politique d'ouverture des données publiques, l'accord a vocation à être versé - de la même manière que la délibération support - dans le portail d'ouverture des données de la collectivité.
Le Conseil d'État est venu préciser que lorsque l'accord de médiation est incarné par une transaction, l'organe délibérant doit se prononcer sur « tous les éléments essentiels du contrat à intervenir au nombre desquels figurent, notamment, la contestation précise que la transaction a pour objet de prévenir ou de terminer et les concessions réciproques que les parties se consentent à cette fin[158]». Toutefois, selon une réponse ministérielle du

[158] C.E., 11 septembre 2006, *commune de Théoule-sur-Mer*, n° 255273, Rec., p. 395.

3 décembre 2013[159], il n'est pas nécessaire que les membres de l'hémicycle examinent « le texte même du contrat de transaction avant d'accorder son autorisation ».
Quelle que soit la réponse à la question de l'annexion de l'accord ou non au projet de délibération, le corps de la délibération lui-même met en lumière l'accord de médiation. Selon la matière et les enjeux, qu'ils soient financiers, urbanistiques ou encore électoraux, la publicité induite par l'approbation de l'accord par l'assemblée délibérante et par les mesures de publication en lien, apparait comme un critère de *médiabilité*[160]. La personne publique prendra nécessairement en compte ce facteur avant d'entrer en médiation.
La prise en compte de l'éligibilité à la médiation d'un dossier, compte tenu de la publicité afférente au résultat, se fera d'autant plus en ce qui concerne les accords de médiation emportant transaction. En effet, en la matière, le juge administratif a clairement tranché en faveur d'une communicabilité.

§ 2 - Le caractère communicable des protocoles transactionnels

Le juge administratif s'est prononcé sur la communicabilité des protocoles transactionnels (A). Une telle communication est néanmoins encadrée par des garde-fous (B).

---

[159] Réponse ministérielle à question écrite n° 19577, publiée au J.O. du 3 décembre 2013, p. 12720.
[160] Voir *supra* note 154.

A. La transaction comme document administratif soumis au droit d'accès

Dans une décision du 18 mars 2019, *Ministre de l'économie et des finances*[161], la Haute juridiction affirme la communicabilité de la transaction en tant que document administratif. Si cette communication est conditionnée à une temporalité précise (1), il convient de s'interroger sur la possibilité de transposition de cette jurisprudence aux accords de médiation *sui generis* (2).

1) La temporalité du caractère communicable de la transaction extinctive

Dans son commentaire de la décision du C.E. du 18 mars 2019, Marie-Odile DIEMER[162], explique que la Haute juridiction a reconnu le caractère communicable d'une transaction « sans aucune hésitation », en « braquant la lumière sur sa nature ontologiquement contractuelle ».
En effet, selon le juge administratif, bien que la transaction fasse obstacle à une action en justice nouvelle, elle n'entre pas dans la catégorie des documents juridictionnels. Pour Marie-Odile DIEMER, ceci s'explique par le fait que la transaction « est à la recherche de la concession idéale, de l'accord idoine [...]. La fonction de juger correspond à la fonction de dire le droit en tranchant un litige. La transaction ne tranche pas, elle compose. Elle ne dit pas le droit, elle l'accommode ». Elle poursuit en relevant que la « proximité temporelle avec la fonction juridictionnelle en fait un acte satellite et non un acte composite de cette fonction ».

---

[161] C.E., 10ème – 9ème chambres réunies 18 mars 2019, *Ministre de l'économie et des finances c/ M. Avrillier,* n° 403465, publié au recueil Lebon.
[162] Marie-Odile DIEMER, « La communicabilité des protocoles transactionnels : et la lumière fut ? », A.J.D.A. n° 27/2019, 29 juillet 2019.

Néanmoins, le Conseil d'État semble opérer une distinction entre la transaction préventive et extinctive d'un litige. Dans le second cas, c'est-à-dire lorsque la transaction n'a pas pour objet d'éviter un différend mais de le régler et d'éteindre la procédure devant le juge, la transaction n'est pas automatiquement communicable.
Dans ce cas de figure, en effet, et dans la mesure où la communication de la transaction risque de porter atteinte au déroulement de la procédure juridictionnelle en cours, la communication ne pourra s'effectuer qu'après que l'instance pendante a pris fin.
Concrètement, cela signifie qu'il faut attendre le désistement des parties et la clôture de l'instance pour qu'un tiers se voie communiquer la transaction.

2) Une jurisprudence transposable aux accords de médiation ?

À la lecture de l'avis de la C.A.D.A., *Préfecture de l'Hérault*[163], les accords de médiation ne seraient pas communicables[164]. Néanmoins, un positionnement demeure attendu de la part du juge administratif. En effet, pour l'heure, il n'existe pas de jurisprudence relative au régime de communication des accords issus de médiation. Plusieurs éléments conduisent à penser à une jurisprudence des juridictions administratives contraire à la position affichée de la C.A.D.A. En effet, les correspondances ou les conventions locales[165] conclues entre les juridictions administratives et les collectivités locales ne font état que d'une confidentialité attachée aux échanges lors du processus et aux « entretiens » et non au résultat.

---

163 *Op. cit.*, note 85.
164 Voir *supra*.
165 Voir par exemple sur le site internet de la C.A.A. de Nancy pour la convention relative à la mise en œuvre de la médiation dans le ressort du T.A. de Strasbourg signée avec Colmar Agglomération.

Comment justifier qu'à l'issue d'un même processus de médiation, si l'accord conclu revêt la forme d'une transaction, celle-ci serait communicable alors qu'un accord *sui generis*, ne le serait pas ? Comment justifier cette différence de régime ? Il serait donc surprenant que l'accord de médiation et le protocole transactionnel obéissent à deux régimes distincts.

B. Les réserves à la communication

La communication de tout document administratif est verrouillée par deux loquets. Le premier est celui des données à caractère industriel et commercial, appelé aujourd'hui *secret des affaires* (1), le second concerne les *données à caractère personnel* (2).

1) La limite du secret des affaires

Particulièrement prégnant en matière de commande publique, les mentions couvertes par le secret des affaires qui seraient contenues dans un accord transactionnel doivent être occultées ou détachées, avant leur communication. En effet, les dispositions de l'article L. 311-6 du C.R.R.A., ferment l'accès à ces informations aux tiers en les réservant expressément aux seuls intéressés.
En outre, l'article L. 311-7 du même code précise : « Lorsque la demande porte sur un document comportant des mentions qui ne sont pas communicables en application des articles L. 311-5 et L. 311-6 mais qu'il est possible d'occulter ou de disjoindre, le document est communiqué au demandeur après occultation ou disjonction de ces mentions. » *A contrario*, si l'occultation ou la disjonction est matériellement impossible, l'administration pourra refuser la communication de l'accord sur le fondement de ces dispositions.
Ce même article L. 311-6 précise le contour de la notion de secret des affaires, aussi appelée secret du commerce et de l'industrie. Ce secret recouvre trois catégories de données : le secret des procédés, le secret des

informations économiques et financières et enfin le secret des stratégies commerciales ou industrielles.

2) La limite des données à caractère personnel et relatives à la vie privée

Il résulte de l'article 9 du Code civil que « chacun a droit au respect de sa vie privée ». L'article L. 311-6 du C.R.P.A. précité traduit cette exigence en prévoyant que seuls les intéressés ont le droit d'accéder aux documents « dont la communication porterait atteinte à la protection de la vie privée ».
Le périmètre de protection des *données relatives à la vie privée* comporte les *données à caractère personnel*, qui font partie du vocabulaire de la Commission Nationale Informatique et Libertés (C.N.I.L.) et de la Réglementation Européenne Générale sur la Protection des Données[166] (R.G.P.D.). Ces dernières correspondent à l'ensemble des informations relatives à une personne physique susceptible d'être identifiée, directement ou indirectement par ces mêmes informations. Pour empêcher toute identification, ces données doivent être rendues anonymes. De même, s'il est possible par recoupement de plusieurs informations ou par l'utilisation de moyens techniques divers (dont les portails d'ouverture de données), d'identifier une personne, les données sont toujours considérées comme *personnelles*. Ainsi, les *données à caractère personnel* se trouvent au sein des *données protégées par la vie privée,* dont le champ apparait plus vaste puisque la protection de la vie privée inclut les personnes morales (C.E., 17 avril 2013, *Min. c. Cabinet de La Taille*, 344924). Ces deux catégories font

[166] Règlement U.E. 2016/679 du Parlement européen et du Conseil du 27 avril 2016, relatif à la protection des personnes physiques à l'égard du traitement des données à caractère personnel et à la libre circulation de ces données, modifié.

partie du secret protégé par la loi au sens des dispositions de l'article L. 311-5, *g* du C.R.P.A.
La collectivité doit donc être particulièrement vigilante, en cas de demande de transmission d'un accord de transaction, à bien occulter toutes les informations protégées par la loi aux premiers rangs desquels se trouvent le secret des affaires et le secret de la vie privée.

Le caractère communicable des accords de transaction interroge sur la portée du principe de confidentialité. Les correspondances ou les conventions locales conclues entre le T.A. de Poitiers et les collectivités locales par exemple ne font état que d'une confidentialité attachée aux échanges lors du processus et aux entretiens et demeurent silencieuses au regard du résultat. Pour certains praticiens du droit, une lecture stricte de l'article C.J.A. conduirait à appliquer la confidentialité que pour les opérations de médiation et non à l'accord. S'il apparait qu'une position du juge administratif sur la portée de la confidentialité en droit public est attendue, une dissociation des opérations de médiation, de l'accord semble nécessaire à la transparence de l'action publique.

Section 2 – Une dissociation des opérations, du résultat de la médiation nécessaire pour la prévention des situations de conflit d'intérêts

Pour éviter que la confidentialité de la médiation administrative ne suscite suspicion et polémique, une dissociation du principe directeur se révèle nécessaire entre les opérations de médiation et le résultat.
Ainsi, la transparence de l'action publique et la prévention des situations de conflits d'intérêts plaident pour une publicité du résultat de la médiation (§1). Les différentes formes de la médiation administrative contribueront pleinement à renouer la confiance des citoyens en l'action publique (§2).

§ 1 - Une transparence nécessaire à la prévention des situations de conflit d'intérêts

La loi du 11 octobre 2013 relative à la transparence de la vie publique définit le conflit d'intérêts comme « une situation d'interférence entre un intérêt public et des intérêts publics ou privés qui est de nature à influencer ou à paraître influencer l'exercice indépendant, impartial et objectif d'une fonction ».
La publicité de l'accord de médiation permet la mise en relation de celui-ci avec les différentes déclarations des élus (A) de même qu'un contrôle éthique (B).

A. Une nécessaire publicité des accords pour une mise en relation avec les déclarations d'intérêts et assimilés

Dans le cadre de la transparence de la vie publique, les édiles peuvent être soumis à des obligations déclaratives[167], notamment de déclarations d'intérêts (1). Il s'avère par ailleurs intéressant de souligner l'extension des déclarations des représentants d'intérêts au périmètre des collectivités territoriales (2).

1) Les déclarations d'intérêts et déclarations ad hoc

Les déclarations d'intérêts doivent être transmises à la Haute Autorité pour la Transparence de la vie publique (H.A.T.V.P.), dans les deux mois qui suivent l'entrée en fonction : des maires des communes de plus de 20 000 habitants, des adjoints aux maires des communes de plus de 100 000 habitants, des exécutifs départementaux et régionaux, des présidents d'E.P.C.I. sous certaines

---

[167] Les déclarations de patrimoine ne seront pas ici développées dans la mesure où leur finalité n'est pas tant de prévenir les situations de conflit d'intérêts que de détecter les éventuels enrichissements entre le début et la fin d'une prise de fonction.

conditions[168], et des vice-présidents des E.P.C.I. à fiscalité propre dont la population excède 100 000 habitants, lorsqu'ils sont titulaires d'une délégation de signature ou de fonction.
Prévues à l'article 11 de la loi du 11 octobre 2013[169], les déclarations d'intérêts ne concernent finalement qu'un petit nombre d'élus[170]. C'est la raison pour laquelle, afin d'assurer leur contrôle, les conseils locaux d'éthique publique sont amenés à demander à tous les élus de la collectivité, à laquelle ils sont rattachés, de remplir une déclaration d'intérêt volontaire, parfois dénommée *déclaration de transparence*. Ces déclarations s'inspirent fortement des déclarations dites d'intérêts en élargissant leur champ d'application à tous les élus. Une telle contrainte n'a bien entendu aucune valeur juridique, mais apparait indispensable au fonctionnement des comités d'éthique, lorsqu'ils existent.

2) Les déclarations des représentants d'intérêts

Plus connus sous la dénomination de lobbyistes (ou groupes de pression), les représentants d'intérêts entretiennent des relations fortes avec les pouvoirs publics. Pour assurer l'information des citoyens sur ces relations, les représentants d'intérêts doivent s'inscrire auprès de la H.A.T.V.P sur un répertoire instauré par la loi dite *Sapin*

---

[168] Sont concernés : les présidents d'E.P.C.I. à fiscalité propre dont la population excède 20 000 habitants ou dont le montant des recettes de fonctionnement dépasse cinq millions d'euros et les présidents d'E.P.C.I. sans fiscalité propre dont le montant des recettes de fonctionnement dépasse cinq millions d'euros.

[169] Loi n° 2013-907 du 11 octobre 2013 relative à la transparence de la vie publique.

[170] Plus de 15 000 responsables publics (élus et agents publics) entrent dans le champ des obligations déclaratives.

2 [171]. Depuis le 1er juillet 2022, l'entrée en communication des lobbyistes avec certains élus locaux et agents publics est désormais soumise à déclaration.
Conçues pour prévenir les dérives et pour encourager un *lobbying éthique*, les obligations déclaratives pèsent sur les représentants d'intérêts, c'est-à-dire sur les lobbyistes. Selon Eliezer GARCIA ROSADO, la régulation des activités et de l'enregistrement des lobbys répond à trois objectifs. Le premier objectif est celui de la transparence entre la sphère privée et les responsables publics, le deuxième objectif est celui de l'ouverture en vue d'assurer une meilleure représentation de tous les intérêts représentés dans la société. Le troisième et dernier objectif visé par la loi est celui de la déontologie, « on veut plus d'harmonisation des règles pour plus d'égalité entre tous les représentants d'intérêts. Ce dispositif nous aide à savoir quels sont les intérêts qui sont représentés et pris en compte dans le processus normatif, [...] qui a représenté ses intérêts, pour qui et pour quelle finalité[172] ». Autrement dit, ces déclarations ont vocation à restaurer la confiance des citoyens envers les élus et leurs mandats.

B. Une nécessaire publicité des accords pour leur contrôle éthique

Le contrôle éthique des accords peut se réaliser soit par une structure d'éthique locale (1), soit par les agents publics, par l'intermédiaire d'un référent alerte-éthique (2).

---

[171] Loi n° 2016-1691 du 9 décembre 2016 relative à la transparence, à la lutte contre la corruption et à la modernisation de la vie économique, dite « Sapin 2 ».

[172] Annonce de Mme Eliezer GARCIA-ROSADO, directrice du contrôle des représentants d'intérêts de la H.A.T.V.P., lors du colloque organisé par le Comité d'éthique de la Ville de Nice, « Échanges sur les structures d'éthique pour les élus locaux : actualité et devenir », du 29 novembre 2019.

1) Par le comité d'éthique lorsqu'il existe

L'accroissement de la défiance des citoyens à l'encontre des élus locaux a poussé certaines collectivités territoriales à s'entourer d'un comité d'éthique, aussi appelé conseil local d'éthique publique, ou commission de déontologie. Il s'agit, dans tous les cas, d'institutions chargées de veiller au respect des règles déontologiques par les élus.

L'objectif d'un comité d'éthique est de faire progresser chez les élus locaux la culture de la morale dans la conduite de l'action publique. « Cela ne signifie pas que nos élus ne respecteraient pas présentement leur devoir de probité. Cela veut dire qu'il leur faut prendre conscience qu'ils doivent désormais se soumettre à des obligations déontologiques d'un niveau d'exigence, de rigueur, plus élevé que par le passé[173]».

La publicité de l'accord de médiation se révèle donc comme une condition *sine qua non* au contrôle d'une structure éthique.

Pour la H.A.T.V.P., le principal avantage des comités d'éthique est de pouvoir valoriser chaque déclaration, en analysant, pour chaque élu volontaire (donc de façon individualisée), les risques de conflits d'intérêts. Une telle cartographie des risques aiderait l'élu local à mieux gérer ses obligations de retrait ou de déport dans les assemblées délibérantes, contribuant en fin de compte, à prévenir les risques de délibérations illégales.

Ces structures ne sont pas nées de la volonté du législateur. Elles doivent leur existence à des initiatives locales et à la volonté des élus eux-mêmes. Ceux-ci ont voté, par des délibérations, l'expression de leur volonté de se doter d'une structure d'éthique.

---

[173] Damien DUPLOUY, « Les conseils locaux d'éthique publique », Gestion & Finances Publiques, mai-juin 2017, p. 89.

2) Par les agents publics via le référent alerte-éthique

Le référent alerte-éthique permet à tout agent de la collectivité de révéler ou signaler, de manière désintéressée et de bonne foi, certains faits dont il a eu personnellement connaissance, constitutifs notamment d'une menace ou d'un préjudice grave pour l'intérêt général ou d'un conflit d'intérêts. En application de l'article 8-III de la loi du 9 décembre 2016, dite *Sapin 2*, des procédures de recueil des alertes éthiques doivent être mises en place : dans les communes de plus de 10 000 habitants, dans les départements et les régions, ainsi que dans les établissements publics en relevant, mais aussi au sein des E.P.C.I. à fiscalité propre regroupant au moins une commune de plus de 10 000 habitants.
Désigné par l'exécutif, le référent alerte-éthique peut être extérieur à la collectivité concernée. Ce référent doit bénéficier, par son positionnement, de la compétence, de l'autorité et des moyens suffisants à l'exercice de ses missions de recueil et d'appréciation des alertes transmises. La doctrine et les praticiens recommandent de recourir à la faculté offerte par le décret de pouvoir désigner comme « référent alerte-éthique » le « référent déontologue » et « laïcité », prévu à l'article 28 bis de la loi du 13 juillet 1983, et dont l'instauration est également une obligation pour les administrations et collectivités publiques par le décret n° 2017-519 du 10 avril 2017.
Par ailleurs, la médiation en matière administrative et l'éventail de son offre apparaissent comme un vecteur de confiance des citoyens en l'action publique.

§ 2 – De multiples visages de la médiation administrative pour renouer la confiance des citoyens en l'action publique

Ainsi, à l'image de la justice plurielle, la médiation administrative est multiple. Différentes formes de médiation coexistent, offrant aux citoyens une myriade de canaux pour résoudre de manière amiable leurs différends avec l'administration.

Aux côtés de la médiation administrative *originelle*, payante, prévue par le C.J.A. (A), se développe une médiation institutionnelle, gratuite, prévue par le C.G.C.T. (B).

A. La médiation administrative « *originelle* »

La médiation administrative telle que prévue par le C.J.A. peut se diviser en deux grandes catégories : la médiation juridictionnelle, d'une part (1), et la médiation conventionnelle, d'autre part (2).

1) La médiation juridictionnelle : à l'initiative du juge, des parties ou de l'expert

La médiation juridictionnelle est tricéphale.

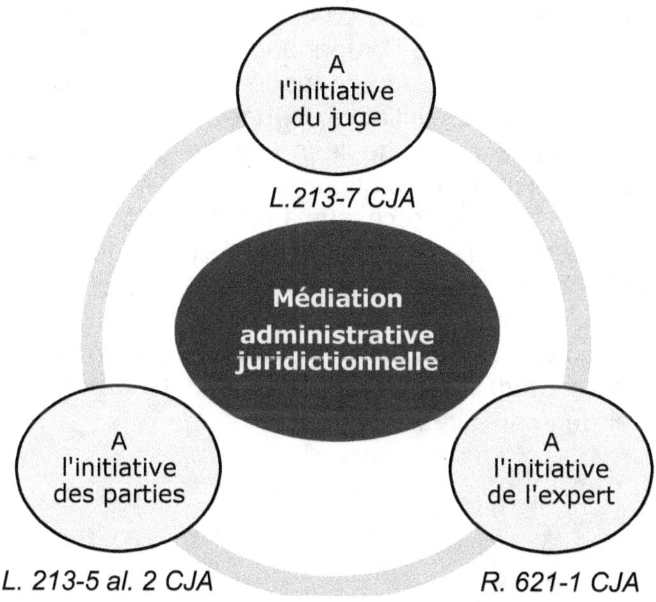

Figure 4 : La médiation administrative en lien avec le juge

Elle peut être à l'initiative soit du juge, des parties ou de l'expert de justice, comme illustré par le schéma ci-contre.

Grâce à la souplesse des textes en matière de médiation administrative, il existe une diversité des dispositifs d'entrée en médiation. Aussi, certaines juridictions pratiquent les ordonnances dites de « recueil d'accord », encore appelée « 2 en 1 ». Dans cette pratique, le juge missionne un médiateur afin qu'il explique aux parties la proposition de médiation initiée par le juge. Le médiateur recueille le consentement par écrit. La médiation peut démarrer immédiatement si toutes les parties acceptent la médiation, le médiateur étant déjà désigné. Inversement, si l'une des parties refuse la médiation, le médiateur en informe la juridiction et sa mission s'achève.
En outre, suite à une expérimentation conduite par le tribunal administratif de Versailles, une nouvelle déclinaison de médiation à l'initiative du juge est née : « la médiation fléchée ». Dans ce cas de figure, le médiateur intervient en amont de l'ordonnance qui sera prise si les parties donnent leur accord pour entrer en médiation. Concrètement, à son initiative, le juge propose aux parties « qu'un médiateur prenne leur attache pour évaluer la pertinence d'une médiation et recueillir leur libre engagement dans le processus amiable. Cette proposition prend la forme d'une lettre du président de chambre adressée à chacune des parties, dans laquelle le juge indique qu'un médiateur – qui, au préalable, aura accepté auprès de la juridiction de conduire la médiation fléchée – va prendre contact avec elles dans un délai de 15 jours à compter de la notification »[174].

---

[174] Elsa COSTA, « Médiation fléchée, une nouvelle voie d'accès à la médiation administrative », Lextenso, 4 mars 2024.

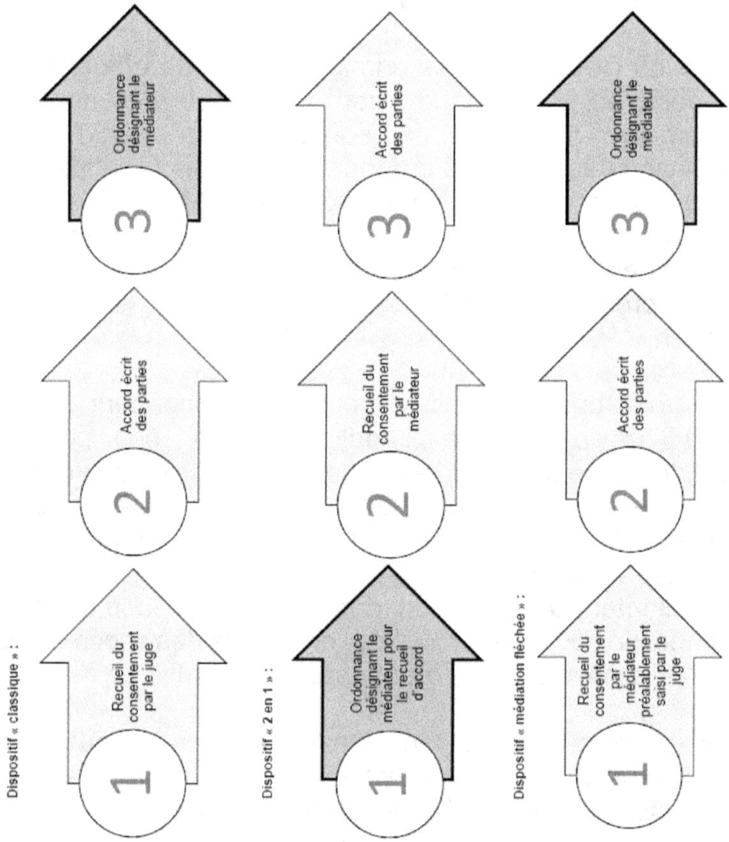

Dispositifs d'entrée en médiation

Si les parties acceptent la médiation proposée, le médiateur transmet à la juridiction un accord écrit. Dès lors que « les accords des parties sont réceptionnés par la juridiction, celle-ci édictera, sur le fondement de l'article L. 213-7 du Code de justice administrative, une ordonnance de désignation classique visant l'ensemble des accords transmis »[175]. Comme le souligne Elsa COSTA, la médiation fléchée et les ordonnances « 2 en 1 » offrent de nombreux avantages, notamment sur le plan financier, puisque ces deux dispositifs n'entrainent aucun frais pour les médiés au stade de la prise de contact, « ce qui évite toute pression financière et renforce la liberté de chacun »[176].

Toutefois, ces dispositifs innovants questionnent sur le point de départ de l'application du principe de confidentialité de la médiation pour l'ensemble des acteurs en présence vis-à-vis des échanges mais aussi d'éventuelles pièces qui pourraient être communiquées soit préalablement à l'ordonnance du juge ouvrant officiellement la médiation dans le cas de la médiation fléchée, soit avant le recueil de l'ensemble des accords des parties dans le cas de l'ordonnance « 2 en 1 » …

Les médiations organisées par les juridictions administratives sont en nette progression. Le rapport d'activité 2023 de la Haute juridiction fait état de 1819 médiations liées à un recours devant le juge administratif et d'un taux d'accord à hauteur de 48 %. Principalement organisées à l'initiative du juge, les médiations concernent surtout les contentieux de la fonction publique, des marchés publics et de l'urbanisme.
Comme le souligne David MOREAU, secrétaire général adjoint du Conseil d'État chargé des juridictions

[175] *Op. cit.* note 174.
[176] *Op. cit.* note 174.

administratives et du numérique : « la médiation permet de ramener le litige à l'humain et incite les parties à se focaliser sur son enjeu réel. Dans les contentieux de fonction publique notamment, elle contribue à apaiser les relations de travail entre l'administration et son agent et limite le risque de recours ultérieurs ».

2) La médiation conventionnelle

L'article L. 213-5 du C.J.A. organise le régime de la médiation conventionnelle. Celle-ci peut être mise en place, librement, entre les parties à un litige, en dehors de toute action contentieuse (L. 213-5 al. 1er). Elle peut également être établie par les parties, là encore, en dehors de tout recours contentieux, mais en demandant toutefois au juge d'organiser une mission de médiation et de désigner la personne qui en sera chargée (L. 213-5 al. 2).
Dans les deux hypothèses, l'article L. 213-6 du C.J.A. précise que la mise en œuvre d'une médiation, avant saisine du juge, a pour effet d'interrompre les délais de recours et de suspendre les éventuelles prescriptions jusqu'au terme de la médiation.
En pratique, et comme le souligne Farid BELACEL[177], responsable du service juridique de Perpignan Méditerranée Métropole et de la commune de Perpignan, mais aussi universitaire associé : « les décideurs publics semblent encore assez rétifs » à la médiation conventionnelle.
À côté de ces médiations encadrées par le C.J.A., la médiation institutionnelle, qui trouve appui davantage dans le C.G.C.T., prend son envol.

---

[177] T.A. de Montpellier - Actes du forum de la médiation – Faculté de droit de Montpellier – École de Formation des Avocats Centre Sud.

B. L'essor de la médiation administrative institutionnelle

Caractérisée notamment par sa gratuité pour les médiés, la médiation administrative institutionnelle présente à l'heure actuelle deux formes : la médiation territoriale, d'une part (1), et la Médiation Préalable Obligatoire (M.P.O.), d'autre part (2).

1) Le déploiement de la médiation territoriale

La médiation territoriale est une forme de médiation institutionnelle dont le cadre a été créé par la loi dite *Engagement et proximité* du 27 décembre 2019[178]. Elle se trouve « au cœur d'un enjeu relationnel entre usager et administration[179]».

Toutes les collectivités territoriales qui le souhaitent, E.P.C.I. compris, peuvent désormais instituer leur médiateur territorial par délibération de leur assemblée fixant son périmètre d'intervention. Le recours à ce médiateur est gratuit afin de faciliter l'accès de tous à ce nouveau service. La loi pose expressément le principe de suspension des délais de recours en cas de saisine du médiateur territorial en renvoyant aux dispositions de l'article L. 213-6 du C.J.A.[180].

---

[178] Loi n° 2019-1461 du 27 décembre 2019 relative à l'engagement dans la vie locale et à la proximité de l'action publique, article 81, codifié à l'article L. 112-24 du C.G.C.T.

[179] Samuel COURTOIS, « Le développement de la médiation territoriale, enjeux et conditions de développement pour les collectivités territoriales et les établissements publics de coopération intercommunale », Mémoire D.U. La Rochelle, 2020, p. 11.

[180] L'article L. 213-6 du C.J.A. dispose : « Les délais de recours contentieux sont interrompus et les prescriptions sont suspendues à compter du jour où, après la survenance d'un différend, les parties conviennent de recourir à la médiation ou, à défaut d'écrit, à compter du jour de la première réunion de médiation. Ils recommencent à courir à compter de la date à laquelle soit l'une des parties ou les deux, soit le médiateur déclarent que la médiation est terminée. Les délais de

D'après un rapport parlementaire de février 2020[181], la médiation institutionnelle au sein des collectivités territoriales est le fruit d'un « besoin de retisser le lien entre une administration désincarnée et ses usagers égarés ou exaspérés ». Ainsi, les valeurs de la médiation correspondent aux attentes des usagers qui peuvent se heurter au fonctionnement de l'administration et à un rapport de force asymétrique, ainsi que l'explique Anne REVILLARD[182].

Toutefois, Hervé CARRÉ, ancien délégué général de l'Association des Médiateurs des Collectivités Territoriales (A.M.C.T.), remarque qu'au sein des administrations, « peu de personnes sont formées à la gestion des conflits et aux principes méthodologiques de la médiation. Les administrations territoriales ne s'affranchissent pas suffisamment de leur culture *sécuritaire* et s'accrochent trop au cadre juridique et réglementaire pour entrer en dialogue avec le requérant ». C'est la raison pour laquelle, selon lui, les agents des administrations doivent être formés « aux valeurs positives du conflit, à l'écoute et à la reformulation ». De même, les modalités de recours à la médiation sont trop souvent absentes des décisions rendues et la relation avec l'usager repose trop sur l'écrit, au détriment de rencontres physiques, basées sur le dialogue.

2) La médiation préalable obligatoire

L'article 5 de la loi *J21* prévoyait l'expérimentation d'une médiation préalable obligatoire sur les recours contentieux

---

prescription recommencent à courir pour une durée qui ne peut être inférieure à six mois ».

181 Sophie MÔRCH et Pierre MOREL-A-L'HUISSIER, *Rapport d'information par le comité d'évaluation et de contrôle des politiques publiques sur l'évaluation de la médiation entre les usagers et l'administration,* Assemblée Nationale, 20 février 2020.

182 Anne REVILLARD, « La médiation institutionnelle : un foisonnement de dispositifs », *Informations sociales*, 2012/2, n° 170, p 99-101.

formés par les agents publics à l'encontre de certains actes relatifs à leur situation individuelle. Un décret de 2018[183] est venu préciser les conditions de mise en œuvre de cette expérimentation qui a eu lieu de 2018 à 2021.
Près de quarante-trois Centres de Gestion de la Fonction Publique Territoriale (C.D.G.) s'étaient portés volontaires pour participer à l'expérimentation de la médiation et ont proposé ce M.A.R.D. aux collectivités de leur ressort.
Un bilan final de cette expérimentation, assorti de propositions, a été remis au Garde des Sceaux à la fin du mois de juin 2021, en vue d'une transmission au Parlement. Selon Amaury LENOIR, chargé de mission Médiation au Conseil d'État[184], l'expérience est, fin 2020, « une vraie réussite et les retours très encourageants puisque plus de 1 800 médiations préalables obligatoires ont été engagées au cours de la dernière année, contre 1000 médiations engagées à l'initiative du juge, après saisine contentieuse[185] ». Aussi, le dispositif est aujourd'hui pérennisé dans la loi n° 2021-1729 du 22 décembre 2021 sur la confiance dans l'institution judiciaire et cette médiation est proposée au titre des missions facultatives d'assistance et de conseil juridique des C.D.G.
La M.P.O. a donc vocation à se déployer et à prendre davantage d'ampleur dans les années à venir.

---

183 Décret n° 2018-101 du 16 février 2018 portant expérimentation d'une procédure de médiation préalable obligatoire en matière de litiges de la fonction publique et de litiges sociaux.
184 Amaury LENOIR est par ailleurs référent médiation du T.A. de Nice et médiateur.
185 « Le dispositif médiation des juridictions administratives », Actes du séminaire intitulé « Justice administrative et médiation », présenté par le C.E.R.D.A.C.F.F. et le T.A. de Nice. Ce séminaire s'est déroulé à Nice le 15 octobre 2020.

Conclusion

« Le silence et le son ne peuvent se passer l'un de l'autre[186]».

À l'heure de la propagation de l'intelligence artificielle et des algorithmes dans les décisions de l'administration, la médiation se présente comme un utile « circuit de dérivation[187]» au recours du juge, en ce qu'elle replace l'humain au cœur de la résolution du conflit.

Qu'elle soit juridictionnelle, ou conventionnelle, territoriale ou encore *obligatoire*, la médiation administrative se révèle un axe fort de la résolution des litiges opposant les administrations aux citoyens. Elle permet d'améliorer le service public en offrant aux administrés et aux agents publics la possibilité de participer davantage à la résolution de leurs conflits, tout en évitant la situation de *gagnant – perdant*.

Lors de la présentation du rapport public 2019, Bruno LASSERRE, vice-président du Conseil d'État, a d'ailleurs souligné que le développement de la médiation administrative apparaît « comme une voie d'extinction des litiges » sans passer par le juge et comme « une manière de promouvoir une citoyenneté active à laquelle chacun prend sa part ».

La rencontre de la médiation et du droit public conduit à un aménagement du principe directeur de confidentialité qui imprègne toute la médiation, tel un fil d'Ariane. Pendant le processus, la confidentialité est quasi absolue, sauf volonté des parties. Au stade de l'accord, elle devient plus relative. Celle-ci est aménagée pour s'adapter aux spécificités de la sphère publique. Ces aménagements sont nécessaires à la confiance. Si la confidentialité permet

---

[186] Citation anonyme, extraite de l'ouvrage de Gérard SZYMANSKI, *La métaphore, voie royale de la communication*, InterEditions, 2014.

[187] Loic CADIET, « Panorama des modes alternatifs de règlement des conflits en droit français ». Ritsumeikan Law Review, n° 28, 2011, p. 154.

aux médiés de s'exprimer sans crainte durant le processus de médiation, la levée de confidentialité qui s'en suit s'effectue, paradoxalement, au bénéfice de la confiance des citoyens en l'action publique.
Dans ses travaux, Christine GUY-ECABERT alertait sur le fait qu'il serait particulièrement « contreproductif pour la médiation que la population ait le sentiment que des négociations préjudiciables à l'intérêt public se déroulent à huis-clos, constituant ainsi ce que d'aucuns appellent une justice de cabinet[188]». La recommandation du Comité des Ministres du Conseil de l'Europe sur les M.A.R.L. entre les autorités administratives et les personnes privées[189], prend cette défiance en considération en prévoyant que « la réglementation des modes alternatifs devrait : […] garantir, dans la mesure du possible, la transparence dans l'utilisation des modes alternatifs et l'observation d'une certaine discrétion ».
Si Catherine EMMANUEL tire douze enseignements de la guerre de Troie pour la Médiation, cette guerre de plus de 3 000 ans nous révèle un treizième enseignement[190] en médiation administrative : la confidentialité est non seulement un principe pilier du processus de médiation mais elle constitue aussi un enjeu qui dépasse les parties prenantes au processus.
Ainsi, loin d'être son talon d'Achille, l'aménagement du principe de confidentialité en médiation administrative apparait comme une force. La confidentialité est le fondement de la confiance des acteurs au processus de médiation. Paradoxalement, l'atténuation de ce principe agit en faveur de la transparence de l'action publique et accroît, *in fine*, la confiance du citoyen dans le processus.

---

[188] Christine GUY-ECABERT, *op. cit.*, note 70.
[189] Recommandation Rec (2001)9 du Comité des Ministres aux États membres, article I, 3, ii d., disponible sur www.coe.int, le 13 avril 2021.
[190] Catherine EMMANUEL, « Les 12 enseignements de la guerre de Troie pour comprendre la Médiation », https://cemaphores.org/webconference/, le 4 octobre 2019.

C'est ainsi que le Conseil d'État présentait, il y a 26 ans, la transparence et le secret comme les deux visages d'un « dilemme éthique fondamental[191]». Aujourd'hui, la transparence est érigée au sein de l'action publique comme principe capital. En effet, les citoyens, « ne tolèrent plus l'opacité et le secret qu'ils perçoivent comme la survivance, soit de l'autoritarisme administratif de l'Ancien régime, soit, plus simplement, d'un régime certes démocratique et représentatif, mais trop distant du reste de la société ». La transparence est, en revanche, perçue comme la condition nécessaire de l'implication des citoyens dans l'action publique. Elle se manifeste comme un critère de « modernité, de respectabilité, voire de rectitude ». La transparence est devenue « un moyen d'insuffler plus de démocratie dans la procédure administrative et de renforcer le lien de confiance entre les citoyens et l'administration ».
Par conséquent, l'essor de la médiation administrative semble évoluer de pair et s'imbriquer parfaitement avec le développement des structures d'éthiques publiques. Tous ces dispositifs partagent en effet le même objectif de rétablissement de la confiance entre les citoyens et l'administration. D'ailleurs, selon Stéphane DEWAILLY[192], vice-président au T.A. de Melun et président du comité consultatif de règlement amiable des différends relatifs aux marchés publics de Paris, les référents déontologues peuvent être des médiateurs en puissance.
En définitive, en médiation administrative, confidentialité et transparence apparaissent tels le silence et le son ; l'un ne peut exister sans l'autre.

---

[191] Études et documents du Conseil d'État, Rapport public 1995, La Documentation française, n° 47, p. 18.
[192] Propos tenus lors de la conférence en ligne « La médiation en droit public », disponible sur https://cnfpt-formation.adobeconnect.com/pwu3dbs5t65j/, le 19 octobre 2020.

Bibliographie

1 - Ouvrages

Stephen BENSIMON, Dorothée BERNARD, Pascal DENORMANDIE, François SAVIGNY, *Le médiateur – Le point de bascule – L'étape décisive du succès des médiations*, Les Cahiers du Montalieu, Médias & Médiations, 2019.

Stephen BENSIMON, Martine BOURRY D'ANTIN et Gérard PLUYETTE (dir.), *Art et techniques de la médiation*, Droit & Professionnels, LexisNexis, 2ème édition, 2018.

Béatrice BLOHORN-BRENNEUR, *La médiation pour tous. Théorie et pratique de la médiation. Le cadre juridique de la médiation*, Médias & Médiations, 2013.

Lise CASAUX-LABRUNEE et Jean-François ROBERGE (dir.), *Pour un droit du règlement amiable des différends, des défis à relever pour une justice de qualité*, LGDJ, Lextenso éditions, 2018.

Antoine CLAEYS, Anne-Laure GIRARD (dir.), *Les modes alternatifs de règlement des litiges en droit administratif*, Collection Actes & colloques de la Faculté de Droit et de Sciences sociales de Poitiers, Presses universitaires juridiques de Poitiers, LGDJ, mai 2018.

Jacques FAGET, *Médiations : les ateliers silencieux de la démocratie*, Editions Erès, 2015.

Nicolas LE MÉHAUTÉ, *Médiations environnementales pour construire un monde commun*, Editions Erès, collection trajets, 2022.

Stéphane MAITREHUT, *Des ressources en soi pour gérer les conflits*, Média & Médiation, 2024.

Marthe MARANDOLA, Geneviève LEFEBVRE, *L'intelligence collective dans la co-médiation. Une expérience éprouvée*, A égalité, 6ème édition, 2022.

René SÈVE, *La médiation*, Archives de philosophie du droit, Tome 61, Dalloz, 2019.

2 - Guides et dictionnaires

Soraya AMRANI MEKKI (dir.), *Guide des modes amiables de résolution des différends 2020/2021*, LexisNexis, 2020.

Natalie FRICERO (dir.), *Le guide des modes amiables de résolution des différends (MARD)*, Dalloz, 3ème édition, 2017.

Jean A. MIRIMANOFF *(dir.) Dictionnaire de la Médiation et d'autres modes amiables*, collection Paradigme, Editions Bruylant, 2019.

3 - Articles de revue

Didier ARTUS, « L'An II de la médiation administrative – Etat des lieux au tribunal administratif de Poitiers », La Semaine Juridique Administrations et Collectivités territoriales n° 9, 4 mars 2019, 2061.

Georgina BENARD-VINCENT, « Les enjeux de la médiation en droit administratif », la Grande Bibliothèque du Droit, le droit partagé, 28 juillet 2017.

Laurent BONNARD, « L'homologation des transactions et des accords de médiation par le juge administratif », Contrats Publics, n° 194, janvier 2019.

Elsa COSTA, « Médiation fléchée, une nouvelle voie d'accès à la médiation administrative », Lextenso, 4 mars 2024.

Elsa COSTA, « Médiation administrative » Lexis Nexis – Fascicule n°1010, Encyclopédie JurisClasseur, 9 mai 2023.

Elisabeth DE LACOSTE LAREYMONDIE, « Office du juge administratif saisi d'une demande d'homologation d'un accord né d'une médiation », conclusions sous T.A. de Lyon, 27 mars 2019, n° 1704535, AJDA n° 22/2019, 24 juin 2019.

Marie-Odile DIEMER, « La communicabilité des protocoles transactionnels : et la lumière fut ? », note sous C.E., 18 mars 2019, *Ministre de l'économie et des finances c/ M. Avrillier*, n° 403465, AJDA n° 27/2019, 29 juillet 2019.

Françoise DUCAROUGE, « La juge administratif et les modes alternatifs de règlement des conflits : transaction, médiation, conciliation et arbitrage en droit public français », RDFA 1996, p. 86.

Damien DUPLOUY, « Les conseils locaux d'éthique publique », Gestion & Finances Publiques, mai-juin 2017, p. 88 à 92.

Sébastien ELLIE, « les conditions de l'homologation d'un accord issu d'une médiation », conclusions sous T.A. Poitiers, 12 juillet 2018, n° 170757, JCP A 2018 p. 2254.

Thierry GARBY, « La confidentialité de la médiation : Dangereuse et nécessaire », 4 novembre 2016, disponible sur : https://www.lemondedudroit.fr/decryptages/15937-thierry-garby-sur-la-confidentialite-en-mediation.html, le 13 avril 2021.

Philippe GAZAGNES, « La médiation administrative – Il vaut mieux parfois mauvais accord que bon procès » Jean de la Fontaine », AJDA 41/2018, 3 décembre 2018.

Yvon GOUTAL et Samuel DYENS, « Se préparer aux nouveaux dispositifs de médiation », La Gazette des communes, 27 mars 2017.

Éric LANDOT :

- « Juges administratifs et représentants d'intérêts : les subtiles et utiles propositions du Collège de déontologie », https://blog.landot-avocats.net, publié le 4 janvier 2021, consulté le 4 janvier 2021.

- « Transparence et participation au cœur de la Démocratie locale : le protocole additionnel à la Charte européenne de l'autonomie locale fait désormais partie de notre corpus juridique », https://blog.landot-avocats.net, publié le 9 janvier 2021, consulté le 9 janvier 2021.

Jean-Marc LE GARS :

- « La juridiction administrative saisie par la médiation ? », AJDA n° 40/2016, 28 novembre 2016.

- « L'expert-médiateur, un Janus aux pieds d'argile », AJDA n° 13/2017, 10 avril 2017.

Hélène MASSE-DESSEN et Elsa COSTA, « La médiation devant les juridictions administratives aujourd'hui – Regards croisés », AJDA n° 37/2019, 4 novembre 2019.

Bertrand NURET, « La médiation en droit public : d'une chimère à une obligation ? », La Semaine Juridique Administrations et Collectivités territoriales n° 9, 4 mars 2019, 2060.

Françoise SARTORIO, « Loi de modernisation de la justice du XXIe siècle (1/2) - La médiation devant le juge administratif s'ouvre aux collectivités locales », Le courrier des maires n° 308, janvier 2017.

Pierre SERVAN-SCHREIBER, « Médiation. – Une vision opportuniste et moderne du règlement des conflits », La Semaine Juridique Edition Générale n° 1, 18 mars 2019,

Sandrine SERPENTIER LINARES, « Les procédure amiables de règlement des différends : nouvel outil de performance de la commande publique », revue contrats publics, n° 194, janvier 2019.

4 - Colloque et conférences en ligne

COMITÉ D'ÉTHIQUE de la Ville de Nice, « Echanges sur les structures d'éthique pour les élus locaux : actualité et devenir », Actes du colloque Nice, 29 novembre 2019.

CONGRÈS INTERNATIONAL DE TOUTES LES MEDIATIONS, Angers, 5-7 octobre 2022.

CONSEIL D'ÉTAT, *Actes des assises nationales de la médiation administrative*, 18 décembre 2019.

Stéphane DEWAILLY, « La médiation en droit public », disponible sur https://cnfpt-formation.adobeconnect.com/pwu3dbs5t65j/, le 19 octobre 2020.

Catherine EMMANUEL, « Les 12 enseignements de la Guerre de Troie pour comprendre la Médiation », https://cemaphores.org/webconference/, le 4 octobre 2019.

Nathalie FRICERO, « Les écrits en médiation », disponible sur https://cemaphores.org/videos/, le 13 avril 2021.

Gary FRIEDMAN, « Comment les professionnels du conflit peuvent-ils utiliser l'introspection pour aider leur client ? » Disponible sur https://cemaphores.org/videos/, le 13 avril 2021.

Pierre TIFINE (dir.) « Justice administrative & médiation », Lexbase, Hebdo édition publique n° 610 du 7 janvier 2021, Acte de séminaire, Nice, 15 octobre 2020.

TRIBUNAL ADMINISTRATIF de Montpellier - Actes du forum de la médiation - Faculté de droit de Montpellier – Ecole de Formation des Avocats Centre Sud. Disponible sur http://montpellier.tribunaladministratif.fr/content/download/180057/1763626/version/1/file/forum.pdf, le 5 avril 2021.

5 - Rapports et documents officiels

Dominique BUREAU et Marie-Cécile NAVES, *Rapport : quelle action publique pour demain ? Cinq objectifs, cinq leviers,* France Stratégie, 2015.

COLLECTIF 21, *Livre Blanc de la Médiation*, 2019.

Jean-Marc SAUVÉ, *La médiation et la conciliation devant la juridiction administrative,* Discours d'ouverture du colloque organisé par le Conseil d'Etat, en partenariat avec l'Ordre des avocats de Paris et le GEMME France, à la maison du Barreau de Paris, 17 juin 2015.

Sophie MÔRCH et Pierre MOREL-A-L'HUISSIER, *Rapport d'information par le comité d'évaluation et de contrôle des politiques publiques sur l'évaluation de la médiation entre les usagers et l'administration*, Assemblée Nationale, 20 février 2020.

Daniel AGACINSKI et Louise CADIN, *Médiation accomplie ? Discours et pratiques de la médiation entre citoyens et administrations,* Dossier de présentation, France Stratégie, juillet 2019.

Réponse du Ministère de la justice publiée dans le J.O. Sénat du 18/10/2018 – page 5346 à question écrite n° 06217 de M. Emmanuel CAPUS (Maine-et-Loire – Les

Indépendants) publiée dans le J.O. Sénat du 19/07/2018 – page 3559

Décret n° 2017-566 du 18 avril 2017 relatif à la médiation dans les litiges relevant de la compétence du juge administratif.

6 - Thèses et mémoires

Samuel COURTOIS, « Le développement de la médiation territoriale, enjeux et conditions de développement pour les collectivités territoriales et les établissements publics de coopération intercommunale », Mémoire D.U. La Rochelle, 2020.

Muriel VRIGNAUD, « Les modes non juridictionnels de règlement des litiges administratifs », Thèse de Doctorat, Université de Nantes, 2016.

Charlotte WAILLY, « Faciliter la médiation en droit public », Mémoire D.U. IFOMENE, Paris, 2016.

ANNEXES

Annexe 1
Liste des personnes auditionnées

✓ Thierry ARMILHON, expert immobilier, expert et médiateur auprès des juridictions de l'ordre judiciaire et administratif, La Rochelle.

✓ Didier ARTUS, magistrat de l'ordre administratif et référent médiation.

✓ Jacques BÉNARD, ingénieur civil, médiateur indépendant, chargé de cours à l'Université de Sherbrooke et à l'Université de Montréal, Canada.

✓ Maître Valérie BROSSIER, avocat et médiatrice, cabinet B.C.J., Poitiers.

✓ Hervé CARRÉ, ancien délégué général de l'Association des Médiateurs des Collectivités Territoriales.

✓ Romain CORMIER, greffier en chef et ancien référent médiation au Tribunal administratif de Poitiers.

✓ Serge GAPAIL, ancien directeur général des services, Conseil départemental de la Charente-Maritime.

✓ Gilles GAUTRONNEAU, médiateur. Ancien élu local et fonctionnaire territorial.

✓ Maître Julien GUILLARD, avocat, cabinet B.C.P.G., La Rochelle.

✓ Maître Laurent SERY, avocat, cabinet Sery Chaineau Mussat, Paris.

✓ Maître Charlotte WAILLY, avocat et médiatrice. Chargée du développement de la médiation au sein du Tribunal administratif de Poitiers en 2017.

Annexe 2

CONSEIL D'ÉTAT

CHARTE ETHIQUE DES MEDIATEURS DANS LES LITIGES ADMINISTRATIFS

Les articles L. 213-1 et suivants du code de justice administrative issus de l'article 5 de la loi n° 2016-1547 du 18 novembre 2016 de modernisation de la justice du XXIème siècle et les articles R. 213-1 et suivants issus du décret n° 2017-566 du 18 avril 2017 introduisent la possibilité en matière administrative de recourir à la médiation soit à l'initiative des parties soit à celle du juge.

La présente charte fixe les principes essentiels garantissant la qualité du médiateur et du processus de médiation engagé dans ce cadre.

Aux termes de l'article L. 213-1 du code de justice administrative, la médiation s'entend de tout processus structuré, quelle qu'en soit la dénomination, par lequel deux ou plusieurs parties tentent de parvenir à un accord en vue de la résolution amiable de leurs différends, avec l'aide d'un tiers, le médiateur, choisi par elles ou désigné, avec leur accord, par la juridiction.

Le médiateur peut faire toute proposition pour permettre aux parties de parvenir à un accord.

Toute personne désignée comme médiateur par une juridiction administrative s'engage à respecter la présente charte.

I. Les principes garants de la qualite du mediateur

I.1. le médiateur présente des garanties de probité et d'honorabilité

La personne physique qui assure l'exécution de la mission de médiation doit satisfaire aux conditions suivantes :

a) Ne pas avoir fait l'objet d'une condamnation, d'une incapacité ou d'une déchéance mentionnées sur le bulletin n° 2 du casier judiciaire,

b) Ne pas avoir été l'auteur de faits contraires à l'honneur, à la probité et aux bonnes mœurs ayant donné lieu à une sanction disciplinaire ou administrative de destitution, radiation, révocation, de retrait d'agrément ou d'autorisation.

Dans le cas où des poursuites ou des procédures judiciaires ont été menées à son encontre et seraient susceptibles de mettre en cause son indépendance et son impartialité, le médiateur doit en informer la juridiction avant toute désignation. Dans l'hypothèse où de telles poursuites ou procédures survenues postérieurement à sa désignation pourraient compromettre l'impartialité de sa mission, le médiateur doit aussi en informer la juridiction ainsi que les parties à la médiation. La juridiction, les parties ou le médiateur peuvent alors, s'ils le souhaitent, mettre fin à la médiation.

I.2. le médiateur est compétent

a) il dispose d'une **expérience professionnelle d'au moins cinq ans dans le domaine du litige** ;

b) **il possède une qualification dans les techniques de médiation** : il justifie d'une formation en médiation ou d'une expérience significative dans ce domaine, dont la qualité est appréciée par la juridiction ;

c) il s'engage à actualiser et perfectionner ses connaissances théoriques et pratiques

- en s'informant régulièrement sur l'actualité juridique de son domaine de compétence ainsi que sur l'actualité des méthodes de négociation et les évolutions en matière de règlement alternatif des litiges ;
- en participant à des événements autour des modes de règlement alternatif des litiges (colloques, ateliers, débats, ...) ou à des formations sur ces thèmes.

I.3. le médiateur est indépendant, loyal, neutre et impartial

a) indépendant : Le médiateur ne doit pas entreprendre une médiation, ou la poursuivre, sans avoir fait connaître à la juridiction et aux parties à la médiation les circonstances qui pourraient affecter son indépendance ou conduire à un conflit d'intérêts, ou être considérées comme telles.

Cette obligation subsiste tout au long de la procédure.

Ces circonstances sont notamment :
- toute relation personnelle ou professionnelle avec l'une des parties ;
- tout intérêt financier ou autre, direct ou indirect, dans l'issue de la médiation ;
- le fait que le médiateur ou un de ses associés ou collaborateurs ait agi en une qualité autre que celle de médiateur pour une des parties.

Dans des cas semblables, le médiateur ne peut accepter ou poursuivre la médiation que si les parties y consentent expressément.

b) loyal : Le médiateur s'interdit par éthique de remplir des fonctions de représentant ou de conseil de l'un et/ou l'autre des participants au processus de médiation. Il veille à faciliter les négociations entre les parties afin de les aider à trouver elles-mêmes une solution à leur différend.

c) **neutre et impartial** : Le médiateur doit agir en toutes circonstances de manière impartiale avec les parties et faire en sorte que son attitude apparaisse comme telle. Il se comporte de manière équitable vis-à-vis des parties. Il veille à conserver sa capacité d'écoute tout au long de la médiation.

I.4. le médiateur est diligent

Il prend rapidement contact avec les parties et veille à obtenir des réponses rapides de leur part sur l'organisation des rencontres.

Il peut solliciter de la part des parties certains documents utiles pour une meilleure compréhension du litige et un meilleur dialogue autour de la recherche de solutions.

Il respecte les délais lui ayant été fixés par la juridiction pour mener à bien sa mission de médiation.

Il informe la juridiction du résultat de la médiation menée en indiquant si les parties sont arrivées ou non à un accord.

I.5. le médiateur est désintéressé

Il n'a aucun intérêt financier au résultat de la médiation. Il ne concourt à la recherche d'un accord que dans le seul intérêt des parties. Il n'est pas rémunéré par un pourcentage sur le résultat.

II. Les principes garants de la qualite de la mediation

II.1. Information et consentement

a) Le médiateur veille à délivrer aux parties, avant le début de la médiation, une information claire et précise sur les modalités de son déroulement : confidentialité, courtoisie, possibilité d'entretiens séparés ou communs, possibilité d'interrompre à tout moment la médiation, modalités de rémunération.

b) Il veille à ce que le consentement des parties soit libre et éclairé et s'assure que les informations préalables ont été correctement comprises.

c) Il veille aux conditions formelles d'un dialogue loyal, courtois, efficace et équilibré.

d) Il informe les personnes de ce que tout au long du processus de médiation, elles ont la possibilité de prendre conseil ou de faire prendre conseil auprès de professionnels compétents.

II.2. Confidentialité

a) Sauf dans les cas prévus par la loi ou pour des raisons impérieuses d'ordre public ou des motifs liés à la protection de l'intérêt supérieur de l'enfant ou à l'intégrité physique ou psychologique de la personne, le médiateur est tenu à une obligation de confidentialité.

b) Il respecte la confidentialité entre les parties durant la médiation. En cas d'entretien séparé avec une partie ou son conseil, il n'en communique rien à l'autre partie sans son accord circonstancié et explicite.

c) Il agit dans le respect des lois et rappelle aux parties que toute proposition ne respectant pas l'ordre public ou l'intérêt des tiers concernés provoque l'arrêt immédiat de la médiation.

d) Après la médiation, si les parties en sont d'accord, le médiateur peut être délivré de cette obligation de confidentialité. Cela peut notamment être le cas si la révélation de l'existence ou la divulgation du contenu de l'accord est nécessaire pour sa mise en œuvre ou son exécution.

II.3. Respect de la liberté des parties

a) Le médiateur est respectueux de la liberté des parties qui l'ont librement choisi ou accepté : elles peuvent interrompre la médiation à leur gré.

b) Il s'assure du libre consentement des parties à l'accord de médiation éventuellement conclu.

c) Les parties décident elles-mêmes de faire ou non homologuer leur accord par le juge.

d) Le médiateur peut mettre fin d'office à la médiation lorsqu'il existe manifestement :

- un rapport de force pouvant conduire à un accord anormalement déséquilibré,
- une ignorance juridique grave d'une partie, sciemment utilisée par une autre,
- une violation de règles sanctionnées pénalement.
- des éléments apportés en cours de médiation empêchant le médiateur de garantir son impartialité ou sa neutralité.

III. Sanctions

En cas de manquement à cette charte par le médiateur, et sans préjudice d'éventuelles poursuites civiles et pénales, la juridiction peut mettre fin à la mission de médiation et décider de ne plus lui confier de mission.

4

Annexe 3 : Demande d'accord pour médiation

REPUBLIQUE FRANCAISE

Poitiers, le 19/01/2024

TRIBUNAL ADMINISTRATIF
DE POITIERS
15, rue de Blossac
CS 80541
86020 POITIERS CEDEX
Téléphone : 05.49.60.79.19
Télécopie : 05.49.60.68.09

Greffe ouvert du lundi au vendredi de
9h00 à 12h00 - 13h30 à 17h00

Monsieur le Maire
COMMUNE DE

Dossier n° :
(à rappeler dans toutes correspondances)

c/ COMMUNE DE

Vos réf. :

DEMANDE D'ACCORD POUR MÉDIATION
LETTRE DU PRESIDENT DE LA CHAMBRE

Monsieur le Maire,

Compte tenu de la nature de l'affaire citée en référence et des circonstances de celle-ci, le recours à la médiation, sur le fondement des articles L. 213-7 et suivant du code de justice administrative[1], pourrait faciliter son règlement.

Vous trouverez, ci-joint, une notice d'information sur la médiation à l'initiative du juge administratif et la répartition des frais.

La mise en œuvre d'une telle démarche nécessite bien évidemment l'accord de toutes les parties, qui peuvent, par ailleurs, y mettre fin à tout moment, le processus juridictionnel reprenant alors son cours.

Je vous informe également que cette démarche de médiation se déroule dans la confidentialité et les éléments échangés à cette occasion ne sauraient avoir aucune influence sur l'issue de la procédure.

Aussi, je vous saurais gré de bien vouloir réfléchir avec votre client à l'opportunité d'une médiation et de faire connaître au tribunal, dans un délai d'un mois, si la mise en œuvre d'une telle mesure recueillerait son accord.

Je vous prie de bien vouloir recevoir, Monsieur le Maire, l'assurance de ma considération distinguée.

Le Président,

Signé

P. CRISTILLE

[1] Article L. 213-7 du code de justice administrative issu de l'article 5 de la loi n° 2016-1547 du 18 novembre 2016 *de modernisation de la justice du XXIe siècle* : *« Lorsqu'un tribunal administratif (...) est saisi d'un litige, le président de la formation de jugement peut, après avoir obtenu l'accord des parties, ordonner une médiation pour tenter de parvenir à un accord entre celles-ci. »*

NOTICE D'INFORMATION SUR LA MEDIATION

Qu'est-ce que la médiation ?

Cette mesure permet de rechercher et de négocier des solutions satisfaisantes, avec l'aide d'un médiateur.

Le médiateur est une tierce personne impartiale, nommée par le juge administratif, qui vous aide au cours d'entretiens confidentiels à vous expliquer, à faciliter le dialogue et à exprimer vos attentes tout en écoutant celle de votre contradicteur.

La mesure de médiation ne peut être ordonnée qu'une fois l'accord des parties obtenu.

Le juge administratif reste saisi de votre affaire. Si aucun accord n'est trouvé, le litige sera jugé et le tribunal administratif rendra un jugement.

Si vous le souhaitez, vous pouvez être assisté de votre conseil.

Qui est le médiateur ?

Le médiateur est un professionnel des relations humaines et du règlement amiable des conflits.

Il est extérieur et indépendant de la juridiction administrative que vous avez saisie.

Il est spécialement formé aux techniques de la médiation et tenu d'observer la plus stricte **confidentialité sur tout ce qui a été dit devant lui, y compris envers le juge** qui l'a désigné.

Quels sont les avantages de la médiation ?

Elle favorise le dialogue. Elle vous permet de prendre vous-même les décisions qui vous engagent, avec l'aide du médiateur. Elle évite une solution imposée par la décision de justice.

C'est une procédure rapide. La mission est limitée à une durée maximum de trois mois, renouvelable une fois à la demande du médiateur et sous réserve de l'accord des parties.

Qui prend en charge la médiation ?

La rémunération du médiateur est fixée par le juge qui peut prendre en considération divers éléments notamment, les possibilités financières de chaque partie, les barèmes indicatifs des centres de médiation, les enjeux financiers, la complexité de l'affaire. La rémunération peut être forfaitaire ou selon un barème horaire. Les parties déterminent librement entre elles la répartition de ces frais, avec l'aide du médiateur. A défaut d'accord, ces frais sont répartis à parts égales, à moins que le juge n'estime qu'une telle répartition est inéquitable au regard de la situation économique des parties. Dans ce cas, le juge en détermine la répartition.

Les frais incombant à la partie bénéficiaire de l'aide juridictionnelle sont à la charge de l'Etat. L'aide juridictionnelle prend en charge la participation du bénéficiaire de cette aide.

Vous pouvez également vous renseigner auprès de votre assureur « protection juridique ». Certains assureurs et certaines mutuelles prennent en charge le coût de la médiation sur la base de barèmes.

Annexe 4 :

Lettre d'engagement de mission

REPUBLIQUE FRANCAISE

TRIBUNAL ADMINISTRATIF
DE POITIERS
15, rue de Blossac
CS 80541
86020 POITIERS CEDEX
Téléphone : 05.49.60.79.19
Télécopie : 05.49.60.68.09

Dossier n° :
(à rappeler dans toutes correspondances)
Monsieur et Madame c/
COMMUNE DE

ENGAGEMENT DE MISSION

Article L. 213-2 du code de justice adminstrative

Je, soussigné, , médiateur désigné pour procéder à la médiation ordonnée par décision du 18/10/2017 dans l'instance présentée par la partie suivante : ., m'engage à accomplir ma mission avec conscience, objectivité, impartialité, confidentialité, et dans le respect des délais impartis par la décision qui m'a désigné.

Fait à , le

Le médiateur.

La présente attestation devra être complétée et retournée au tribunal administratif de Poitiers, dans un délai de trois jours.

Table des matières

Structures éditoriales du groupe L'Harmattan

L'Harmattan Italie
Via degli Artisti, 15
10124 Torino
harmattan.italia@gmail.com

L'Harmattan Hongrie
Kossuth l. u. 14-16.
1053 Budapest
harmattan@harmattan.hu

L'Harmattan Sénégal
10 VDN SICAP AMITIE 3
BP 45034 Dakar-Fann
direction@senharmattan.com

L'Harmattan Cameroun
Tsinga/Derrière polyclinique FECAFOOT
BP 11486 Yaoundé
Jacques.koukam@harmattan.fr

L'Harmattan Burkina Faso
Villa 281, secteur 23 623, rue 14.32
Ouagadougou
zagbie@outlook.fr

L'Harmattan Guinée
Almamya, rue KA 028 OKB Agency
BP 3470 Conakry
harmattanguinee@yahoo.fr

L'Harmattan RDC
185, avenue Nyangwe
Commune de Lingwala – Kinshasa
matangilamusadila@yahoo.fr

L'Harmattan Congo
219, avenue Nelson Mandela
BP 2874 Brazzaville
deunovmikhael@gmail.com

L'Harmattan Mali
Immeuble Mgr Jean Marie Cissé
Aci Hamadallaye
BP 145 Bamako
syllaka@yahoo.fr

L'Harmattan Togo
Djidjole – Maison Amela
face EPP BATOME
02 BP 20680 Lomé
didieramela11@gmail.com

L'Harmattan Côte d'Ivoire
Résidence Karl – Cité des Arts
Abidjan-Cocody
03 BP 1588 Abidjan
harmattan.ivoire@gmail.com

L'Harmattan Bénin
Rue 604, (Immeuble à l'entrée
de la rue UCAO- Cite de Saint-Jean)
Cotonou
stepcorpus@gmail.com

Nos librairies en France

Librairie internationale
16, rue des Écoles
75005 Paris
librairie.internationale@harmattan.fr
01 40 46 79 11
www.librairieharmattan.com

Librairie des savoirs
21, rue des Écoles
75005 Paris
librairie.sh@harmattan.fr
01 46 34 13 71
www.librairieharmattansh.com

www.ingramcontent.com/pod-product-compliance
Lightning Source LLC
LaVergne TN
LVHW021226061026
849535LV00008B/2937
* 9 7 8 2 3 3 6 4 8 8 1 4 1 *